VIAJE Interior

VIAJE Interior

Jorge I. Gallo

Hilton Head Island, SC - USA

Número de Control de la Biblioteca del Congreso de EE. UU.:   2013908179
ISBN: Tapa Dura   978-1-4633-5695-8
                  Tapa Blanda   978-1-4633-5694-1
                  Libro Electrónico   978-1-4633-5696-5

Información de la imprenta disponible en la última página.

Fecha de revisión: 24/06/2015

Para realizar pedidos de este libro, contacte con:
Palibrio
1663 Liberty Drive
Suite 200
Bloomington, IN 47403
Gratis desde EE. UU. al 877.407.5847
Gratis desde México al 01.800.288.2243
Gratis desde España al 900.866.949
Desde otro país al +1.812.671.9757
Fax: 01.812.355.1576
ventas@palibrio.com
469804

Índice

PRÓLOGO

"Ordené que me trajeran mi caballo del establo.
El criado no me entendió. Así que fui yo mismo,
ensillé el caballo y lo monté.
A la distancia oí el sonido de una trompeta
y pregunté al mozo su significado.
Él, no sabía nada: no había escuchado sonido alguno.
En el portón me detuvo y me preguntó:
– ¿Hacia donde cabalga, señor?
–No lo sé –respondí. Sólo quiero partir, sólo partir…"
–¿Entonces conoce usted la meta? – preguntó él.
–Sí, –le contesté –Ya te lo he dicho: partir es mi meta".

Franz Kafka

"Emprende el viaje a Ítaca,
pero demórate lo más que puedas.
Haz muchas escalas,
teniendo siempre presente tu isla,
que estás buscando.
Al final llegarás a Ítaca, y ¿qué vas a descubrir?
Que la verdadera Ítaca era el viaje"

Homero (s. IX a.C.)

Viajar es placentero, sin embargo, caminar hacia el interior de sí mismo es un acto profundamente singular y esquivo. Esta vez nadie puede acompañarte, sobra también todo tu equipaje. Tu mente puede resultar una buena amiga, pero también una delirante trampa. Tus pensamientos y deseos, al igual que tus emociones, serán meras herramientas. No vamos a viajar a través del pasado, pero es preciso llegar hasta él. No nos dirigiremos hacia un lugar preciso y determinado, más bien vamos a reorientar las velas hacia el centro mismo de tu existencia, hacia el vacío, allí donde gravita tu esencia más profunda.

De ordinario viajamos en una nave sin piloto y sin ruta de navegación. Otras veces prestamos importancia a la meta, pero se nos olvida el propósito del viaje. Invirtamos entonces la lógica: prestemos atención al camino, porque el camino mismo es la meta y el sentido último de nuestro viaje.

Cada capítulo te adentrará en una realidad interior novedosa y apasionante. La fuerza de la costumbre, nos ha llevado a desconocer nuestros propios dinamismos y el potencial que tenemos con nosotros. Adéntrate en el misterio de tu ser. Todos los atajos son vías que conducen hacia la misma evidencia: El ajuste, la integración, la coherencia; el proyecto, la misión, el compromiso histórico y el sentido último de nuestra vida, abriéndonos a la trascendencia.

Es tu propósito vivir tu vida de la mejor forma posible. La vida es un poema, una obra de arte: única, irrepetible, hermosa, sagrada y reclama el deber moral de vivirla a plenitud. *Cada quien bebe del infinito manantial de la vida, todo cuanto puede… hay muchas personas que se les seca la esperanza, porque han perdido el arte de soñar.*

Ama
y haz lo que quieras...

- Autocontrol -

"Detestamos la perturbación, el cambio.
Sacar a la luz lo que es doloroso y hablar de ello;
las penas nos parecen un fracaso
pero en realidad constituyen la puerta
que conduce a la madurez y crecer
no deja de ser doloroso a cualquier edad".

Hilton Gregory

El punto de partida nos iguala a ti y a mí. Todos somos ignorantes. Yo desconozco muchas cosas que tú sabes y tú desconoces muchas cosas que yo sé. Ahora bien, tanto tú como yo, desconocemos la verdad de muchas realidades que nos inquietan y nos apropiamos otras tantas como verdades absolutas e irrefutables, negándonos a la realidad. Entonces, no nos queda otra posibilidad: Mantengamos vivo ese inquietante deseo de búsqueda y renovación constante, sin dogmatizar nada en absoluto. *Mi verdad, no. Tu verdad, tampoco. Simple y llanamente: La verdad.*

Las verdades de ayer se las llevó el viento, hoy tenemos nuevas reformulaciones. Y no es propiamente que las verdades cambien "*per se*", esto es; —por sí mismas—. Cambiamos nosotros, cambia la realidad, cambia la historia. Este dinamismo provoca en muchas personas reacciones de incertidumbre, de temor. ¿Y cómo aprender a controlar los temores? Mira, eso es como aprender a montar en paracaídas: El curso es muy fácil. Necesitamos nueve horas para enseñarte a controlar tus temores, y una hora más para aprender a disfrutar la caída. Claro que si yo fuera tu entrenador invertiría las cosas.

Tómale el pulso a tus temores. Estar atados a algo firme, no a un paracaídas ciertamente; estar conectados a alguien es como colgar el auto de una grúa, es decir, delegar la responsabilidad de la existencia en un impostor convincente. Es por ende estar desconectados… de nosotros mismos y por supuesto esto produce una gran tranquilidad, una aparente seguridad.

Nos entrenaron para vivir atados, apegados, para ser infelices. La gente se pasa la vida llorando pasados, o soñando tiempos mejores. Pero olvídate, nadie te va a ser feliz el resto de tu vida. **La felicidad no viene de fuera, hay que inventar la cotidianamente con imaginación, con creatividad, con entrega apasionada a un proyecto y sobredosis de amor.**

Es preciso aprender. Aprender a caer, y aprender de la caída. Atrevernos a incorporar nuevos procedimientos no es fácil. Es igual a un pajarito que intenta volar por vez primera, la torpeza inicial hará que se reviente el pico contra una roca, pero después de unos cuantos intentos, gozará del envidiable placer de volar.

Al nacer, la vida te arroja en la mitad de una montaña agreste y escarpada. A partir de ese momento tienes dos opciones rodar o subir. De estas dos, la primera es trágicamente la más usual y atractiva. Existen dos tipos de personas: aquellas que han acumulado un buen número de errores, aciertos y tanteos y siguen ascendiendo la montaña y las que están sentadas a la mitad del camino esperando un milagro del cielo que nunca vendrá.

Mira en tu interior. Todo te ofende, permaneces en guerra con todo el mundo exterior, resentido, neurótico, envidioso. Pero también todo te detiene, te atemoriza, te bloquea. Actúas con espíritu temeroso e infantil. Te escondes, huyes de ti y de la realidad en un juego brujo en el que sólo quedan perdedores: tú y los que están a tu lado.

¡Alerta! Cuando una persona se queja de todo, gruñe por todo, vive sin disfrutar, sin sentir placer, sin humor, manifestando cansancio corporal y fatiga crónica de manera permanente, está padeciendo una patología denominada *distimia*, un trastorno no tan severo como la depresión, pero si, muy similar. La depresión y el estrés son en gran parte enfermedades culturales y hoy suelen ser muy frecuentes en la población, más aún en tiempos de crisis.

Otros, recurren a un comportamiento histérico llamando la atención o reclamando un padre externo que les ayude a conducir su nave averiada. ¿Para qué haces eso? ¡Qué estúpido resulta todo eso! ¡Vaya!, que desajustada dependencia de los demás. Duerme sin parar, embriágate, drógate y descontrólate una vez más y síguele gritando al mundo: soy un frágil y desajustado bebé a merced de mis propios instintos incontrolados y haciendo de mi vida un infierno de estiércol.

Te enamoras, te arrejuntas, te casas y haces mil locuras más, para huir, para vengarte de tu familia, para buscar un oasis de aparente paz. No huyas, los lugares son todos iguales. No existe sino un lugar donde puedes ser feliz, y está dentro de ti. Pero también, si algo no te procura realización y felicidad, es hora de emprender un nuevo estilo de vida razonable e integro.

Entonces, rompe ya y de una vez por todas con ese guión mediocre, basta de representar ese ridículo y lastimoso papel. Puedes lamentarte todo lo que quieras, pero no puedes esquivar tu responsabilidad y la posibilidad de cambiar el curso de los acontecimientos.

Nuestra infelicidad tiene un nombre: *Fracaso*. Éste no es otra cosa que la incapacidad de aprender, de incorporar creativamente algo que no resultó. Sólo un humorista sensato sabe distinguir lo importante de lo secundario, lo externo de lo interno, lo personal de lo colectivo, sin desintegrarse, manteniendo la calma, con una actitud reflexiva ante la vida. Asumiendo e integrando el error y la frustración.

¡Atrévete, no tengas miedo! Intenta muchas, muchísimas cosas, algunas cuantas te saldrán. No quiero ser fatalista, tanto menos derrotista, ni echar por tierra tus ilusiones: usualmente muy pocas resultan tal y como las planeamos. Ya ves, la vida no es tan cuadriculada como uno cree y a veces quiere. Por el contrario, somos sorprendidos permanentemente por lo inestable, lo impredecible. La realidad es compleja y siempre nos asalta el factor sorpresa: lo inesperado, aquello que nunca consideramos en nuestros planes, por parecernos baladí, sin importancia. De hecho: *esperamos que pueda suceder cualquier cosa y nunca estamos prevenidos para nada*. Madame de Swetchne.

Hoy, tendríamos que tener un manejo más adecuado de la teoría del caos, aplicándola también a nuestra vida. Esta rama de la física y la matemática estudia lo complicado, lo impredecible, lo que no es lineal. Es pues una ciencia que explica el origen del caos, del desorden. Eso somos los humanos: seres raros, misteriosos y caprichosos.

El caos no es tan caótico. Nos movemos en un campo de probabilidades. Toma nota: la realidad tampoco es tan obvia, tan evidente, tan real como uno quisiera. Todo fenómeno cultural y humano está expuesto a minúsculos cambios que los científicos denominan **Efecto Mariposa**, y que pueden conducir a una alteración catastrófica o a salvarnos la vida. El atascamiento vehicular que te impide llegar a tiempo a tu trabajo, puede ser la casualidad que te ayude a salvarte de un accidente. Haber cambiado de dirección fue la oportunidad para que tu pareja se enganchara en una nueva aventura amorosa. La realidad es entonces aquello que vivimos a medio camino entre el azar, los fenómenos naturales y las decisiones personales.

Usa el poder de tu libertad para tomar buenas decisiones. La mejor elección es saber escoger lo que se quiere y lo que nos permite crecer. Lo dice san Pablo: *"Todo lo quiero, pero no todo me conviene"*. (1 Cor 10, 23). El problema de nuestra infelicidad consiste en que **deseemos mal y deseemos poco**. Nuestros malos deseos son ataduras que nos mantienen sujetos a la ilusión del éxito.

La felicidad está profundamente arraigada en los valores, la disciplina y el esfuerzo constante y tenaz; tiene que ver con el deseo y la pasión. Ama, vive, disfruta, estudia, trabaja, pero hazlo con desbordante pasión, con el mismo convencimiento y fuerza de fe del Shema Hebreo, esto es: **Con todo tu corazón, con todas tus fuerzas, con todo tu ser.** Dt 6, 4.

Ama y haz lo que quieras. ¡Sugestivo! ¿no te parece? Este pensamiento positivo lo expresaba el gran Doctor de la Iglesia, San Agustín de Hipona, hace mil seiscientos años. Es obvio, es imposible amar de verdad a una persona y hacerle el mal. Pero también: el amor te da la **gloriosa libertad de los hijos de Dios**, para actuar con independencia de la cultura y el qué dirán. Oriéntate por valores y principios, buscando coherencia interior entre lo que piensas, dices y haces.

Actúa por convicciones por principios y oriéntate por valores. Si es maravilloso, si no es indigno, si contribuye a tu engrandecimiento y el de los demás, es para ti. Sigue tu estrella. Pero, necesitas pagar el precio: **Optar por algo, es también renunciar a algo, a muchas cosas también muy apetecibles y muy valiosas**. Todo esto exige renuncia y sacrificio. Sigue esa voz interior e intenta realizar todo cuanto la vida exija de ti. Este es el credo de los hombres y mujeres libres. Esta es la ruta de la felicidad.

Vivir plenamente la vida, vivir con gozo y saludablemente no es complicado, es fácil, muy fácil. Qué paradoja cuando todos nuestros esfuerzos se encaminan a complicar y a hacer imposible la felicidad. Debes conocer y administrar inteligentemente tu cuerpo y tu mente. Dirige tu destino, controla tu cerebro. No existe nada igual. Una supercomputadora realiza en un segundo poco más de mil millones (1.000.000.000) de operaciones. El cerebro humano, realiza diez trillones (10.000.000.000.000.000.000) de operaciones en un segundo. Y aunque las cifras van cambiando con el progreso tecnológico, la diferencia es también cualitativa: el cerebro ensaya nuevas posibilidades, prepara nuevas alternativas y soluciones, se humaniza con emociones y sentimientos y lo más genial: sabe que sabe. Se piensa a sí mismo.

El cerebro humano es inteligente: una computadora realiza operaciones pero no es inteligente. La diferencia es obvia, si se parte un palo en dos para mi mente y el computador, yo tengo dos palitos. Pero si parto una silla en dos, para el computador tendría dos sillas, y para mi cerebro una silla destruida. El sistema binario castiga el modelo informático, pues lo acorrala entre el sí y el no, ahora imagínese a su PC diciéndole: "No estoy de acuerdo con usted", o "Por favor no me toque que estoy de mal humor". También así nuestra vida es altamente compleja y enriquecida.

Tienes en tu cabeza tres fantásticos cerebros que actúan como una unidad integrada y coherente dentro de ti. Uno de reptil, con cerca de 250 millones de años, otro de orangután con cerca de 6 millones de años y el cerebro homínido con tan sólo 600.000 años. El cerebro profundo, sistema límbico, o emocional, está integrado por ocho órganos, entre ellos el tálamo, hipotálamo, hipófisis, amígdala, es el cerebro más antiguo, propio de un reptil. Procesa instintos como la supervivencia, el comportamiento sexual, la ira, el miedo, el placer. También la memoria y el recuerdo y como si fuera poco: la conducta. De modo que cuando tú no controlas tus instintos, tratarte de lagarto o caimán sería lo más adecuado. Bueno, con el debido respeto a nuestros amigos reptiles.

El neocórtex, cerebro externo o gris, cerebro humano, es el comando supremo. Lo preocupante es que desconectamos la línea telefónica que existe entre el cerebro instintivo y el cerebro inteligente, actuando sin control.

Imagínate una hermosa casa de dos pisos, llamémosla "la casa del humor"; en la planta superior el neocórtex o cerebro homínido, reside el placer, la búsqueda de la felicidad; en la baja el dolor, la agresividad, el pesimismo, la frustración. Ambas están comunicadas por un sofisticado teléfono homeostático, buscando el equilibrio, la salud permanentemente. Así, cuando hay dolor, se estimulan los centros del placer, el organismo dispara la producción de endorfinas, hormona que suprime las sensaciones dolorosas, generando bienestar y alegría, pero no al revés. Un psicópata no tiene humor; un loco llora cuando hay que reír, una persona malgeniada actúa en cortocircuito permanente, tiene trabados los cables.

Una persona en un estado de depresión profundo es capaz de matarse, sin embargo, ni siquiera un animal lo haría. Son actos humanos propios de un ser desconectado, desajustado. Más elegantemente: en crisis.

Ponle humor a la vida. **Ser humorista, no quiere decir que hagas de tu vida un relajo**, no consiste en hacer el ridículo a todo momento con espíritu burlón, sin darle seriedad a nada de lo que haces. El humor es una cucharadita de sal. La felicidad el océano.

Ser humorista es saberte reír de ti mismo. Y para ello, debes aprender a no tomarte tan en serio, a desdoblarte, a no ser tan severo contigo y con los demás. Profundiza la pena y haz el duelo por las pérdidas que sufras en la vida, pero no te dejes matar por la tristeza. Desdramatiza la existencia, libera las tensiones, relaja los músculos, sonríe, vale la pena.

Me decía alguna vez una amiga sumida en la depresión: "Llevo cuatro años intentando ingresar a la universidad y no he podido". La miré sonriendo y le dije: "¿Y...?". —Si no estás logrando lo que buscas, ¿qué otras alternativas estás poniendo a funcionar para conseguir lo que quieres, o proponerte algo diferente también valioso para ti?- Así se resuelve todo. Es simple. ¿Se te ha roto la relación con aquella persona? Te diré lo mismo: ¿Y...? A qué tantas lágrimas; hay una fila infinita de personas que quieren amarte y conocerte pero tú no te lo permites. Entonces, relájate, sonríe y mira cuidadosamente y despacio desde la puerta de entrada a tu casa, observarás una inmensa fila de seres que pueden ser una propuesta interesante para ti. Vive procesos, no actúes emocionalmente, déjate guiar por principios y valores... y entonces podrás decir: "¡Siguiente! Pero sé cauto, desde el inicio pon advertencias contundentes: No quiero trampas, ni juegos. Regla claras, acciones transparentes. Ah y no lo olvides, recuerda que vivir solo es también una excelente decisión.

La conducta es una relación básicamente reactiva. El éxito o el fracaso no se dan por sí mismos, se construyen paso a paso. Existe un círculo vicioso en todo lo que a ti te afecta. Te han hecho mucho daño, ¡oh si, que pena tan grande…! pero también tú, consciente o inconscientemente has perjudicado a otros tantos. Todo lo que hagas para bien o para mal se rige por la ley del péndulo, por la ley del búmeran —arma arrojadiza de madera curvada de los aborígenes australianos, capaz de volver al punto de partida-. Por lo tanto, regresa a ti con igual intensidad.

Aprender a reconocer que somos en gran parte culpables de lo que nos ha sucedido es el primer paso que nos conduce a la auto integración interior, liberándonos de la neurosis: Esto es, creer que todo lo que nos ocurre tiene afuera un culpable: el profesor, el amante, el sacerdote, la maestra, la esposa, el padre, la madre, un amigo, etc.

Por ello, permíteme formular una nueva inquietud. ¿Cómo podemos cambiar nuestra conducta? ¿Cómo podemos transformarnos a nosotros mismos? La humildad es el atajo. La humildad en este caso es más que una virtud, es una decisión de vida o muerte. El mundo está al revés. Antes concebíamos al hombre como el rey de la naturaleza, luego como un igual, hoy casi como un superviviente. Sé humilde y haz real la consigna evangélica: es preciso **nacer de nuevo** (*Jn* 3, 7). Nacer tanto como renovarnos y recrearnos constantemente en el espíritu. Renacer, porque nunca terminamos esta colosal y no menos hermosa obra de arte: la construcción de nuestra identidad.

Aprende a vivir a plenitud. Somos seres radicalmente dependientes unos de otros, profundamente especializados. Lo primero es riqueza, lo segundo debilidad. Nuestra gran especialización nos convierte en seres lábiles, frágiles, enfermizos.

Los seres bióticos de más bajo rango: virus y bacterias, poseen una altísima capacidad de supervivencia mediante la adaptación en el medio, por eso son tan numerosos y resistentes. Si la realidad externa cambia, ellos cambian, son mutantes. El más bello y sugestivo ejemplo de recreación constante de afuera hacia adentro. Todo lo contrario de nosotros y de nuestros esquemas. Cada uno que se la arregle, ese es su problema. Esa es nuestra tragedia y es el principio del fin. Virus y bacterias realizan un verdadero milagro a cada instante que hace arrodillar a la ciencia misma, mientras el hombre arrogante, prepotente, no aprende, sigue siendo el mismo... idiota. Hacemos las cosas al revés: *"vivimos trepados en una rama del árbol y estamos serruchando la rama."* Franz Hinkelammert. Por eso decía patéticamente Martín Luther King, Nobel de la paz: *"Si no aprendemos a vivir juntos como hermanos, perecemos todos juntos como idiotas."*

Vivimos en una sociedad enferma, adicta. La paranoia termina siendo una locura productiva. Banqueros, políticos, ejecutivos, artistas y deportistas famosos se tornan muchas veces en seres que ordenan su vidas por el dinero, el poder, el prestigio, la fama. Se olvidan de la dimensión interior para enajenarse en lo externo. ¡Liberémonos! Todos necesitamos cercanía, contacto físico, entreayuda y una profunda humildad. La actitud cerrada, arrogante, delata la pobreza interior.

Esta es tu tarea: vivir a plenitud. Este es tu compromiso: Esfuerzo constante de superación y cambio. Es todo lo que podemos sugerirte como inquietud. Aquí estamos de pie, levantando el rostro, componiendo la mirada. No nacimos con mentalidad de esclavos. Aquí estamos fortaleciéndonos con un sí generoso, inventando la felicidad, gozándonos a risotadas la vida, instaurando el reino de la credibilidad en nosotros mismos, traduciendo el amor en vida y la vida en lucha tenaz. *No sabemos cómo podamos alcanzar la meta, pero creemos que es posible. Y caminamos hacia el norte de la luz.*

Ahora pues, ¡levántate de tu existencia caída!... Nadie más podrá hacerlo por ti. Pero mejor no te levantes, camina. No camines, corre. No corras, vuela.

Todos estamos aquí en lo más profundo del pozo y no hay nadie ahí afuera que pueda rescatarnos. *"Lázaro, ¡levántate!"*, ¡Vaya! qué palabra, qué invitación tan desafiante, el escritor sagrado omitió probablemente la condición que la acompaña implícitamente: Lázaro, si te parece, si tiene sentido, si vale la pena, si es tu propia decisión, levántate, hazlo tú mismo, con tus propias fuerzas, por supuesto te regalo todo mi infinito poder, pero no lo voy a hacer yo por ti.

Levántate ya de tu existencia caída, o sino, púdrete en tus sentimientos de impotencia.

Estamos a tiempo y puede venirnos como una segunda y última oportunidad:

"Tú eres lo que es el profundo deseo que te impulsa.
Tal como es tu deseo, es tu voluntad.
Tal como es tu voluntad, son tus actos.
Tal como son tus actos, es tu destino".

El mago,
El niño y el ángel.

- Autointegración -

Conferencia en Atlanta, USA. Octubre 2003

"La vida pide resultados:
No le cuentes a otros tus dolores de parto…
muéstrales al niño".

Indira Ghandy

Ustedes me han invitado a acompañarles en esta reflexión y yo sería incapaz de preparar mis notas sin antes sentarme a pensar: ¿Para qué venir hasta aquí? ¿Qué preguntas sin aparente respuesta se agitan en lo más profundo de sus vidas? Y me pongo también en el lugar de ustedes: ¿Qué he venido a buscar? ¿Dónde queda el norte? si no se tiene una brújula consigo. ¿Cómo y cuándo nos perdimos en el mapa de ruta? Muy a propósito, dice la enigmática Mafalda de Quino: *"Algunas veces nos sentamos y pensamos, otras, simplemente nos sentamos"*. No menos inquietantes resultan las palabras del bien amado Papa Juan XXIII: *"Jóvenes, piensen en algo... pero piensen"*. Sé que les asiste, al igual que a mí, la mejor posición existencial: permanecer en estado de suprema alerta y con la mente abierta. Ahora bien, continuando con nuestras inquietudes, nos corresponde a todos por igual formular la más intrigante de las preguntas: ¿Qué sentido tiene todo esto que hacemos? Ir y venir, y volver una vez más y todos los días y también todos los meses y los años.

1. La vida algo más que un proceso de combustión y oxidación:

"Recuerdo que a los trece años el profesor de ciencias naturales estaba explicando que la vida es un proceso de combustión y oxidación. Entonces me puse de pie y le pregunté: — Profesor Fritz, si es así, entonces, ¿qué sentido tiene la vida?". Víctor Emil Frankl. Fundador de la logoterapia.

La entropía, segunda ley de la termodinámica —ciencia que en el campo de la macrofísica, estudia el comportamiento de la materia, en especial el intercambio energético de los cuerpos— se expresa así: *Todo tiende a la desintegración espontánea, al caos y cuando se llega a este punto se ha alcanzado el equilibrio, el punto estable.* Una paradoja más: para mantenernos con vida, tenemos forzosamente que respirar, pero justamente respirar se convierte en el aguijón que nos lleva a la muerte, —punto de máximo equilibrio—, debido a los procesos de oxidación en el metabolismo del oxígeno. Si no respiramos morimos pronto, si lo hacemos, un *"rato"* después.

Incomprensible esto, ¿verdad? Es como si la naturaleza buscara como ideal el equilibrio, lo estable y para lograrlo optara por el atajo del caos. Si nuestra existencia material fuera tan sólo eso, un laboratorio de química, nuestra vida sería un absurdo total. Pero somos mucho más complejos y enriquecidos.

Es verdad que todos nuestros esfuerzos por controlar los fenómenos externos e internos, conducen a un permanente desgaste interior. Escucho y observo con sorpresa como algunas personas mantienen un oculto temor a los cuestionamientos, temen los cambios, y protegen su yo de toda crítica, porque tienen la sensación de perder el piso existencial, el lugar seguro. ¿Para qué evaluar una vez más?, ¿para qué intentarlo de nuevo? Volveremos al mismo punto —dicen algunos. Si no lo hiciéramos, alcanzaríamos justamente en una espiral envolvente el máximo punto de desequilibrio y descontrol. Otros se cierran a la argumentación y son maestros de la racionalización, quedándoles como recurso el chantaje moral, afectivo o psicológico.

Lo propio de la vida es el cambio, la inestabilidad, la transformación, la alteridad, el conflicto. Y aquí tiene lugar justamente una de las dinámicas más inquietantes del ser humano. Existen personas que se autorregulan por fuerzas externas, precisan normas, esquemas, y tienen un pensamiento mágico que los conduce a buscar un tótem tutelar protector de toda fuerza perversa o extraña. entonces las piedritas mágicas, el horóscopo y un sinnúmero de "entretene-bobos" son su "ángel protector". Los más cuerdos por fortuna actúan conforme a su conciencia interior, con independencia de tanta brujería y espíritu hechicero.

Así como algunos precisan de una persona o ente externo que controle sus existencias frágiles, otros buscan su propia autodeterminación interiorizando el espíritu y no la ley y actuando por convicciones propias. Su autorregulación es interna y esta dinámica es la adecuada, propia de un adulto maduro. El sentido de la existencia es la reconstrucción permanente desde el caos, avanzando hacia la propia autorrealización sin límite... *cada quien bebe del infinito lago de la vida todo cuanto quiere.*

2. La vida con otros.

Toda organización social precisa de modelos y referentes que sean articuladores las relaciones entre los miembros. Vivir con otros no es fácil. Da una mirada a tu alrededor, tan sólo para darte cuenta de las profundas diferencias que existen entre tú y alguien que proviene de otra cultura, pero no nos vamos tan lejos, entre tú y tus amigos, entre tú y tu esposa, esposo y a su vez en cada uno de tus hijos, de tus hermanos, amigos, estudiantes, colegas de trabajo.

La vida en comunidad, con tu pareja, en la familia, en el colegio, en la empresa, en el grupo está regulada por un conjunto de normas y costumbres y se inspira en principios que definen un horizonte común de sentido. Ahora bien, la vida con los otros es siempre más que eso y menos que eso y nunca tan sólo eso.

Vivir con los demás es convivir con comportamientos inadecuados, modos de vida que tú no aceptas, decisiones, valores y procedimientos que tú desapruebas. No resulta fácil. Lo importante es vivir ahí, como levadura que fermenta la masa. Recuerda el consejo evangélico: *estar en el mundo sin ser del mundo* (Jn 17:15), sin identificarse con aquello que va en contravía de tu dignidad de persona.

Ahora, date cuenta. Si decimos que convivir con los demás resulta difícil y en algunos casos traumático, estás afirmando que vivir contigo es igualmente complicado. Pero la dificultad no radica tan sólo en la diferencia de pensamientos y cosmovisiones, sino en la forma como pretendemos anteponer por encima de los demás y a costa de estos, nuestros criterios, deseos, e intereses particulares. Hemos crecido en el proceso de individuación a costa de la negación de las diferencias. Nos movemos en una polarización ideológica tal, que aquel que no piensa como yo, es mi enemigo.

Buscamos restaurar el orden natural alineando a los seres humanos en los polos de un imán... nuestra pretensión, desborda en espirales de violencia, intolerancia, y destrucción. Alguna vez le escuché a un padre de familia la siguiente observación: si mi hijo fuera homosexual lo mataría. A otro más, que si su hija adolescente resultaba embarazada la expulsaría del seno familiar. Y qué decir de aquellos que defienden la vida del feto desde su concepción hasta el nacimiento, pero luego, se niegan a controlar la venta libre de armas, el derecho a la salud. La vida va desde la concepción hasta la muerte. Como quien dice: a la hora de la verdad, los derechos humanos y los principios cristianos se pueden pisotear de todas las formas posibles de espaldas a la dignidad del ser humano, pero esta es la lógica de intolerancia y muerte en que nos movemos.

3. La liberación de las ataduras.

Muchos de nuestros problemas tienen su origen en nuestros pésimos pensamientos y a su vez, estos se nutren de falsas creencias, por eso: *"Cuando piensas que el problema está fuera de ti, el problema es ese pensamiento"*.

Hay personas que dicen: "A mi me critican, porque hago bien las cosas", en verdad que suena bastante ridículo; lo que expresa este tipo de argumento es fiel reflejo de la propia inconsistencia interior y la necesidad de proteger a toda costa los comportamientos inadecuados. Por lo tanto, la apertura de conciencia es la mejor actitud de cara a la verdad, lo cual significa que en este proceso vital es preciso liberarnos de las falsas creencias, de las tiranías de nuestros pensamientos tramposos y mágicos que hacen de nuestra mente un verdadero basurero interior.

Como puedes ver, el proceso de la vida nos pide tanto una dinámica de constante revisión de nuestra vida. Es preciso ordenar y limpiar nuestra mente. Igualmente, es necesario podar aquellas relaciones y situaciones que resultan perjudiciales e indignas. Pero no lo hacemos, porque perdemos la gratificación económica, afectiva o sexual. No existe nada más inhumano, más vil, que un hombre arrodillado, —a menos que esté en actitud orante—. Amamos las cadenas, porque somos profundamente frágiles e impotentes. *No podas, no rompes, no cambias, porque tienes mentalidad de esclavo. Te programaste para ser infeliz.* Bueno, no era mi intención hacerte pasar un sonrojo.

En atención a esto último, convivir con otros es un proceso altamente exigente, complejo, más que complicado. Querer no es poder. La fuerza no reside en el querer, a veces queremos muchas o pocas cosas, pero finalmente no nos resolvemos. Poder es hacer y querer lo que es un deber urgente, y para lograrlo necesitas tener tres personalidades integradas: la del mago, la del niño y la del ángel.

La del mago que te permite una sobredosis de creatividad, inspiración y maestría en tus actos, para combatir el demonio de la rutina.

La inmensa mayoría de tus enamoramientos son mera costumbre. Pero también, muchos de tus actos parecieran obedecer a un rígido programa interior que te conduce a la repetición monótona de formulismos y procedimientos carentes de sentido. Tu mago interior estará atento en todo momento para buscar soluciones creativas en los atolladeros, para inspirarte el camino oportuno, para sacar el as escondido cuando todo está aparentemente perdido.

No cambias porque permaneces dormido. Te has acostumbrado a tu mundo apacible y seguro. Adquiere entonces esa magia, esa fe, esa confianza en ti mismo, que te permitirá sacar conejos de la manga de tu camisa. Mejora en todo momento tus preguntas y no te contentes con las respuestas, desactiva el reloj mental que te lleva a actuar como un autómata, en forma rígida y programada. Si las condiciones no son las mismas, si las circunstancias cambiaron en un giro en espiral de 360 grados, ya no estarás en la misma posición de antes y deberás adaptarte con originalidad a los nuevos retos y desafíos.

Tras la máscara de las adicciones, se esconden muchos seres humanos buenos hombres, quienes a su vez fueron programados como abejas para hacer bien algunas cosas, y en el momento necesario fueron incapaces de asumir y adaptarse a nuevos roles, crearon para sí sus propias murallas. Otros pudieron con todo… menos consigo mismos. Un suicida, es alguien que ve muros invisibles y se lanza desde ellos. *Por eso, cuando crees que puedes, tienes toda la razón. Cuando crees que no, también, porque el problema no es de razón, sino de decisión.* No te ancles en alta mar, no te rindas sin dar la batalla, ya que *la vida no depende de las condiciones, sino de las decisiones.* Despierta tu mago interior e inventa nuevas soluciones.

Al lado de tu mago está tu niño, tu niña interior, que te permite sortear conflictos sin guardar resentimientos, ni rencores, con una actitud de permanente sorpresa ante los misterios de la existencia, en actitud de total entrega ante la novedad de la fraternidad compartida. Y con una desbordante entrega para *vivir la vida con apasionada pasión e intensa intensidad.* No te escondas, no te cierres. Es verdad que mientras más te conocen más frágil te vuelves, pero eso no es pérdida. Es terrible que los demás quieran disfrutar de tu amistad y que tú te refugies en tu búnker vestido de gris. Ah, pero tampoco te olvides que tu niño interior te libera del endémico mal del siglo: la apatía, el desgano, el desdén, la desilusión y la melancolía. Él te dará en todo momento novedad, asombro, humor, espontaneidad. Despierta tu niño, tu niña, pero no te infantilices.

En el centro del gran escenario de la vida, quedas tú. A tu lado el niño y el mago. Tú y tus propias circunstancias, tú actuando tu propio guión. Tienes la posibilidad de romper los papeles, si no te sientes feliz. Pisotea, rompe, destruye y quema si quieres el papel, jamás nunca, el protagonista. Deja toda relación perjudicial, toda relación que te esté haciendo daño... pero es difícil, has luchado durante años, te has acostumbrado durante décadas, te parece imposible. Se necesita la grandeza de un milagro. Por eso está contigo tu ángel interior.

En el centro está el rey, tu yo constitutivo, tu yo profundo, el "si mismo". Somos como dioses, pero no nos damos cuenta. Te hablo en sentido metafórico, Puedes ser ángel o demonio. El único ángel es Dios que nos revela de mil formas su misterio, grandeza y hermosura. Son muchas las personas que por un pasado de sufrimiento y trauma, no pueden perdonarse a si mismas, sintiéndose sucias e inadecuadas. Despójate ya de ese dolor. Grítalo, lloralo, busca urgentemente asesoría, pero no te revuelques más en tu amargura. Ámate, quiérete y mírate con bondad, amor y consideración. Contigo, está tu Ángel de la Guarda, tu ángel protector que es el Espíritu Santo que te ilumina, te alienta y te regala sus dones tendiendo un puente de gracia en medio de las aguas turbulentas que te rodean.

El Espíritu te conduce hacia Cristo y Jesús te inspira diciéndote: *"No temas, yo estaré a tu lado".(Isaías 41,10)* No estás solo y vale la pena vivir la existencia como totalidad abierta y sin reservas mezquinas.

Hoy habitamos en una cultura alienante, idílica y metafísica de ángeles, aromas, taumaturgos y reencarnación. Pero yo estoy argumentando desde otra lógica. Los abuelos hablaban ayer del ángel y yo niño creía y rezaba. Cuando joven me reía de toda aquella mágica y extraña representación, y después fue Dios quien se rió de mí, hoy vuelvo a reencontrarlo al leer todo mi pasado, descubro la mano de Dios en mi existencia, actuando incluso muy a pesar mío. Tal vez se cumplía aquel viejo dicho: Si quieres hacer reír a Dios, cuéntale tus planes. Y ese hermoso ángel es el que acompaña tu proyecto existencial.

Así pues, sea lo que sea, pase lo que pase, pese a todo, y por sobre todo, la vida es todo, perderla es perderlo todo. Porque: *"¿De qué le sirve al hombre ganar el mundo si pierde su alma" Mc 8, 36 ¡El ángel está a tu lado y se hace uno contigo! Dios es tu ángel protector.* No estás solo, Cristo está en ti, y es tu misión hacerte un ángel de la guarda para los demás. Muchas vidas corren hacia el abismo, muchas manos se levantan en medio del fango, muchos gritos no nos permiten dormir, Sé tú ese ángel de Dios para los demás y toda tu vida será luminosa.

¡Hagamos el amor...!
y no la guerra.

- Autointegración -

A veces sí, a veces no.
Por momentos en el cielo, a ratos en el infierno.
Buscándome me encuentro
y no me encuentro.

Te amo sí, te odio después y de nuevo te amo...
.

Semiconsciente,
cuasi despierto,
viviendo a medias,
superviviendo.

Comienzo... descanso... abandono,
y vuelve la rueda a girar.

¡Soy feliz...! Luego me digo: ¿soy feliz?

Entonces, quede claro:
La felicidad es constancia, unicidad, permanencia, integridad.

Jorge I. Gallo

Aprendamos a querernos de verdad. Aparentemente hoy el mundo es más incierto e inseguro. La guerra, la violencia, los conflictos étnicos, raciales, religiosos, de clase, crean un ambiente de zozobra que envenena el ambiente generando un clima de temor, pánico e incertidumbre. Vivimos atormentados por una eterna guerra exterior que se nos cuela hasta por los poros; pero igual dramatismo reviste la propia guerra interior. La historia de nuestros desmanes no ha cambiado mucho desde el origen… aunque ahora gozamos de más comodidades y nuevos problemas.

Necesitamos tener y mantener un enemigo eterno y externo, que pueda ser destruido permanentemente para explotar nuestros odios y rabias profundas. No lo dudes, mucho más grave que la guerra exterior es nuestra propia guerra interior. Estamos enemistados y protegiéndonos a toda costa de la revancha de aquellos con quienes establecemos este desmañado y enfermizo pacto felino al mejor estilo de Tom y Jerry. Somos hijos de una cultura altamente intolerante, violenta y depresiva y necesitamos en consecuencia altas dosis de adrenalina para "controlar" la ansiedad interior.

¿Dónde está el 100% de tu energía vital?, ¿a quién se la entregaste?, ¿quién te la administra?, ¿cómo la malgastas? Estamos en conflicto incluso con nuestras propias sombras. Son muchas las personas que no pueden perdonarse a sí mismas, o reconciliarse con su pasado, su cuerpo, su identidad. Permanecemos en conflicto, al igual que el perro aquel que tenía sed y fue a un charco y observó un perro más grande pelando el colmillo, le ladró y el otro ladró también, el perro aumentó entonces mucho más su rabia y sus ladridos, y la respuesta que venía del lago era proporcionalmente igual, finalmente atormentado, a -bandonó el lugar. Había malgastado toda su energía, pero no resolvió el problema de su sed.

Este ambiente de guerra interior tiene raíces ocultas y complejas. Una de las más poderosas es el **temor**. Toma nota y no lo olvides: **¡la violencia es hija del desajuste social!** Somos hijos de una cultura individualista, injusta, violenta e intolerante Una cultura de mercado que genera profundas diferencias. Se impone la "ética" del imperio de la muerte, del más fuerte, demoníaca "ética" de gángster y narcotraficante: Obtener lo que se quiere, no importa la forma, el precio de lo humano lo dicta la bolsa de valores: el valor de la vida y la dignidad humanas valen poco menos que un barril de petróleo, y se pueden inventar cualquier cantidad de mentiras y justificaciones para destruir a los pueblos, y eliminar los enemigos, invocando el santo nombre de Dios, en aras de la desdibujada "democracia, verdad y libertad". Todos modelamos la cultura, ella impone las reglas. Por eso tu desorden interior es en gran parte producto del caos exterior.

La violencia engendra el temor y ésta induce a la búsqueda de la seguridad. Buscando falsas seguridades, perdemos la felicidad, pisoteamos nuestra dignidad, olvidamos la esencia.

Lo propio de la existencia es la incertidumbre, la alteración, el cambio constante. En contraste, el ser humano tiene la tendencia natural a buscar falsas seguridades. Mientras más adultos nos hacemos, más rígidos nos tornamos, más dependientes nos hacemos. Vivimos en los extremos. La bipolaridad es un trastorno altamente cultural. Vivimos entre la exaltación y la depresión, ¡Hum! cuánto nos cuesta lograr el equilibrio. Amamos el suicidio a cuentagotas, tenemos todo tipo de **adicciones**. Buscamos escurridizos placeres que nos conducen a la autodestrucción. Somos adoradores de la muerte, con tu máscara carnavalesca no logras ocultar tu propio infierno. ¡Ey!, por favor, miren aquí hay alguien que considera que la vida es una compulsión de búsqueda permanente de sucedáneos, de fiesta y rumba, ese es el lenguaje propio de alguien que no se asume a sí mismo con responsabilidad.

Y a esa pérdida o falta de horizonte, Víctor Frankl, el gran padre de la psiquiatría humanista, y en particular de la logoterapia, la denomina **neurosis noogénica**, y se expresa como carencia de sentidos profundos de cara a la existencia que conduce a la depresión profunda y desde este al suicidio.

Y es que en el fondo nos da pánico morir a las falsas seguridades a las que estamos acostumbrados y podemos incluso aguantar y negociar el pisoteo de nuestra dignidad con tal de no aventurarnos a la soledad e intimidad. Un adulto permanecerá atado en una relación masoquista con su pareja, con tal de no perder la seguridad económica, afectiva, sexual; un adolescente al igual, puede cometer cualquier locura, con tal de no ser desconocido por sus pares.

Este factor incertidumbre es también la fuente del **temor**. Somos seres absolutamente frágiles, temerosos, tenemos pánico y terror a muchísimas cosas de una manera irracional. Tenemos miedo de nosotros mismos y éste se manifiesta como temor al fracaso, a la frustración, la soledad, el abandono; miedo al futuro, al dolor, la pérdida, la enfermedad, la vejez, y hasta la misma muerte, pero también miedo al amor y a las expresiones de ternura. Nuestros miedos más profundos, tienen que ver también con los demás: miedo a ser traicionados, abandonados, abusados, violentados, burlados, negados.

El temor a su vez inventa la **culpa** y la **negación**. Todo neurótico piensa que: **Alguien es culpable de lo que a él le pasa**. También todo aprendiz de adicto dice: **Yo estoy controlando esto y cuando quiera puedo dejarlo**. Y todo padre coadicto a su vez siente: **Pobrecito mi niño, mi niña... eso son inventos de la gente,** y así termina patrocinando y profundizando el problema. Es muy doloroso reconocerlo, pero es verdad: La inmensa mayoría de nuestros padres fueron emocionalmente inestables, alcohólicos y padecieron trastornos de personalidad, en muchos casos maltrataron, y abandonaron, pero cubrimos esta realidad con una aureola de olvido e idealización.

Todos actuamos con máscaras que nos sirven para negar en parte la realidad, pero también para representarnos en la gran comedia de la existencia. Tenemos una máscara en blanco y negro, con un área luminosa, conocida y visible y una zona oculta y de sombra. Aceptar la zona de sombra en nosotros y en los otros, sin negarla, bajo un sano principio de aceptación, resulta altamente restaurador en nuestras vidas. Lo que pasó, pasó. Puedes llorar, gritar, hacerte el tonto, pero la realidad está ahí y punto. Sólo puedo resignificar, perdonar, asumir y aceptar.

Somos hijos de un pasado herido. No es malsano recordar, aunque resulta doloroso. Pero también tienes que reconciliarte definitivamente con tu pasado de pena y dolor. Para qué, te pregunto, visitas constantemente tu pasado si el mismo no te trae buenas noticias. Cierra esa puerta, pero ciérrala bien, esto es: en paz. No podemos olvidarnos del pasado haciéndonos los tontos, es por demás imposible. No le hagas caso entonces a las propuestas sedantes que te dicen: *olvídate de ello. No le prestes importancia. Verás que con el tiempo todo se soluciona. Eso ya pasó y no podemos hacer nada al respecto.* ¡Cuidado! Lo que hay que hacer es justamente lo contrario

Vuelve a tu pasado sin rencor, sin rabia, para que puedas asumirlo positivamente, **reinterpretando** los acontecimientos. Y al hacerlo, te liberarás de la carga emocional y de la energía que gastas para reprimir en tu inconsciente el dolor. Ten cuidado, este tipo de temor a enfrentar el pasado, y tus vivencias traumáticas, te va moldeando con el tiempo con una personalidad *agresiva, acorazada, psicorígida.* Y poco a poco tus propias defensas quedarán esparcidas por el piso como oxidados trozos de un muñeco de metal.

Este temor, dirige a su vez el *juicio* que opera como centro matriz de nuestras *creencias.* La inmensa mayoría de nuestras convicciones son negativas e irracionales, permanecen prístinas, congeladas, fosilizadas, pero son pensamientos basura. Y por lo mismo son bloqueadores, paralizantes y nos impiden la liberación interior. Una de las creencias más enfermizas que podemos alimentar es la de no reconocernos *capaces*, o *merecedores.* Así pues, tan sólo un proceso de lavado y limpieza a profundidad puede liberarnos del desorden interior.

Y para sobreponerse al vacío y las carencias, son muchos los que terminan revistiéndose para el carnaval de la mentira. Se compran un carro especial, una casa especial, una mujer u hombre especial y hacen cualquier locura especial, a cualquier precio especial, de cualquier forma y manera especial, con tal de ser reconocidos y aceptados. La estupidez humana no tiene límites.

Sufrimos porque permitimos ser manipulados desde fuera; nos sentimos víctimas de los otros, de la sociedad: si el otro no me determina, si me habla o no, si me regresa el afecto o no, si piensa igual o no como yo, entonces seré o no feliz. Con singular originalidad reza un asertivo pensamiento: *No pretendas que otra persona piense como tú, actúe como tú, sienta como tú y viva como tú, porque tú y Dios, bien saben que con uno como tú basta.*

Nos enganchamos con los ataques que vienen del mundo externo y nos descomponemos. Elaboramos una respuesta emocional negativa, entonces nos sentimos agredidos, rabiosos, abandonados, señalados, y este estado dispara una respuesta biológica. Nuestra mente, acondiciona el cuerpo, según sean nuestras ideas, así es nuestra vida. Nuestro éxito o fracaso, felicidad o sufrimiento, salud o enfermedad.

Decimos de ordinario: "Me dio gripa", "me dio rabia", "estoy deprimido". No, a ti no te da nada, sería más realista decir: "He producido una gripa", "he provocado un dolor de cabeza" "he originado una depresión". Somos una fábrica de emociones: producimos tristeza, abandono, pesar, temores, etc. Y somos también una fábrica de enfermedades. Vivimos un ritmo neurótico. El mayor número de muertes son producidas por enfermedades cardíacas, hipertensión y accidentes que generalmente resultan siendo menos fortuitos y casuales de lo que presumimos.

Cuando se tienen temores irracionales, se bloquean las emociones y esto provoca finalmente neurosis, comportamientos inflexibles. Ante los problemas, existen tres tipos básicos de reacción:

1. Sentirse víctima y provocar búsqueda de compasión. Son personalidades usualmente pasivas y sumisas. Es el típico caso de quien está en un charco y si tratas de ayudarle, una vez que le tiendes la mano te jala para hundirte en el fango también a ti. Esta personalidad tiene tendencia a la tristeza, melancolía y depresión. Todo un Rambo frío, calculador, psicópata, emocionalmente plano y desquiciadamente violento.

2. El comportarse como victimario, como agresor. Más propio del sexo masculino entrenado culturalmente para actuar con violencia y sadismo modelando un patrón desajustadamente machista.

3. El indiferente, bloquea las emociones para no padecer. Son personas propensas al cáncer de colon, alergias y a contraer enfermedades del sistema inmunológico.

Las emociones son vivas y dinámicas, reprimirlas es crear un bloqueo que dispara el desequilibrio físico. Un cáncer estomacal, puede ser así interpretado como un subproducto del resentimiento guardado y rumiado a lo largo del tiempo. El asma, como un sentimiento de abandono: nadie me quiere, no hay espacio para mí en este lugar. Un ataque epiléptico como un mecanismo para distraer la atención en los conflictos emocionales intrafamiliares. La alergia como: tengo dificultades de relación y comunicación social. Pero no sufras, este modelo biopsíquico no es tan mecanicista.

Tenemos múltiples mecanismos que nos protegen de la ternura y el amor, conflictos emocionales no resueltos, sentimientos de abandono afectivo que perpetuamos. En una verdadera **"alianza invisible"**, no abrazar al papá es evitarle la culpa que él tiene de no haber abrazado al abuelo. Y así perpetuamos la cadena. Otro mecanismo para huir de las emociones es el **"Síndrome de no ser vulnerables"**: *Eso a mí no me toca, nunca me va a ocurrir.* Y en medio de la más profunda soledad, exageramos el trabajo y evitamos compartir. Los mayores consumidores de drogas alucinógenas no gozaban del aprecio de sus hermanos, eran personas altamente criticadas y terminaron asumiendo un rol de oveja negra, de patito feo —así como en el cuento ruso de Luis Llorens—, siguiendo un **"Mecanismo de auto profecía"** —asumir el rol asignado externamente —, una vez más te recuerdo: sería simplista reducir tan taxativamente el problema a esto. *Los accidentes, los problemas, son un encadenamiento sucesivo de errores que involucran sentimientos y emociones.*

Le tenemos pánico al dolor. Pero este último, así como el miedo, la tristeza, la ira, son simplemente alarmas. No aceptamos el dolor en nuestras vidas. Con sabiduría dice el budismo que *"la vida duele"* y duele, porque estamos apegados. Nuestros sufrimientos son gratuitos. En una palabra: Son un producto de nuestros apegos, un resultado enfermizo de nuestros deseos. Tenemos un poderoso **ello** —fuente inconsciente que contiene todos los instintos reprimidos y se rige sólo por el placer, libre de toda moralidad —. Un **ello** infantil en el que aún no se ha estructurado el **Yo** de la razón y la voluntad. El problema radica en la malformación de nuestro deseo: No lo necesito, pero está barato y entonces lo compras… Y así te llenas de basura. Es preciso pues aprender a desapegarnos, a no actuar como víctimas, ni como agresores.

No reprimas las emociones, dialógalas, oxigénalas, exprésalas, lloras, manéjalas inteligentemente. Las enfermedades secundarias son producto de las emociones básicas y manifiestan problemas no resueltos, se expresan como sufrimiento, ansiedad, depresión, rencor, apego, restricción y son prolongación del dolor, deseo incumplido, desánimo, rabia.

Hay tres pasos en todo proceso de sanación y el objetivo es que restablezcas el 100% de su energía vital, preparándote física, emocional, y espiritualmente.

Re-conocimiento: Como eres afectado por las situaciones externas. El Ego está constituido por creencias y el 80% son negativas. Revisa y altera tu programación. Tu felicidad no está comprometida con una persona determinada, ni con el logro de determinados deseos. De hecho, puedes ser feliz, absolutamente feliz de otra forma y manera.

Comprensión: Perdonar es aceptar el pasado, aceptarte como eres. En la medida que lo haces transformas tu guerra interior en una experiencia de reconciliación y auto integración interior. El perdón es un cambio de percepción. Una resignificación de los acontecimientos. Una ruptura con el pasado herido, una mesa de comunión.

Transformación: Erígete en el dueño absoluto de tu existencia, y abre las puertas de la felicidad integrando la trascendencia, dándole a tu vida un sentido y un propósito más allá de tu piel.

Transformación sí, auto-integración también, pero dónde hallar la fuerza, la energía que te dará el poder suficiente para romper las cadenas culturales y ambientales de un mundo cerrado, intolerante y violento... Para nosotros creyentes, radica en la vivencia del amor cristiano. Amor auténtico que infunde nuevos bríos al amor natural y traspasa sus límites. Es el amor que nos lleva a amar como Cristo amó: amor que ama a todo ser humano como hermano, amor que perdona, amor que impulsa a la solidaridad, a derrumbar esos muros de discriminación, recelo, egoísmo, intolerancia, agresividad, posesividad y tantos otros desajustes. El amor en última instancia ha de ser sacrificial y altruista.

MARQUE

la diferencia

- Autosuperación -

La vida te dio el lienzo, la pintura, los pinceles,
ahora, pon tú la inspiración.

En el monótono y apacible reino de la manada,
sólo puedo alabar a:
los inspiradores,
los soñadores,
los profetas,
los creativos,
los comprometidos.

Me uno a la marcha de la luz
que recorre todas las noches la ciudad
devolviéndole de nuevo la paz.
Que viva el reino de las diferencias culturales,
Y se erijan la justicia y la equidad
sobre el fundamento de la verdad, la dignidad, y reciprocidad.

Puedes alabarlos,
estar en desacuerdo con ellos,
citarlos, seguirlos, glorificarlos,
admirarlos o condenarlos.
Pero lo único que no puedes hacer es ignorarlos,
porque ellos son los que cambian las cosas:
Ellos imaginan. Inventan,
desafían, alteran.
exploran, crean.

Ellos inspiran
Ellos aman.
Habitan en otra dimensión
e impulsan la historia hacia adelante.

A lo mejor ellos tienen que estar locos.
Si no, ¿cómo puede observarse un lienzo vacío
y ver en él una obra de arte?

¿O sentarse en silencio y escuchar
una canción que nunca se ha escrito?
O mirar un niño durmiendo en las aceras,
y después de algunas pesadillas,
lanzarlo a la vida, con alas para volar.

Son ángeles, son magos, son genios, son titanes.
Seres desproporcionados y fuera de lo común.
Sencillos, originales, radicales, creativos, soñadores.
Pero son pocos,
dramáticamente muy pocos.

Son habitantes del futuro
y sus ojos pueden ver lo que el común no puede ver.
Ellos lo esperan todo, menos ser comprendidos.
Vienen del planeta de los genios
y sus existencias son inmortales,
porque no conocen los límites, ni las fronteras

Por ellos, por ellas, alzamos nuestras copas,
y si te atreves…
entonces,
también brindaremos por ti.

Ascenso
al Himalaya

– Guión de relajación –
- Autoafirmación -

"Yo puedo,
es fácil
y lo voy a lograr".

"Yo quiero,
es maravilloso
y decido hacerlo".

"Yo quiero,
yo puedo.
yo debo,
decido hacerlo.
y comienzo ya".

Toma una posición cómoda. Pon tu mente en blanco. Quédate en silencio hasta escuchar el murmullo del ambiente en tu interior. Relaja tus músculos,. Respira lenta y profundamente. Entra en tu interior más y más profundamente cada vez y siente el gozo de estar a solas contigo. Y ahora ya estás en tu espacio sagrado, allí, donde guardas los más escondidos secretos, aquellos que nunca o a muy pocos comunicas, vivencias profundas que te acompañan en tus noches, en tu soledad. Tu corazón ahora palpita suavemente, y te llenas de profundos deseos de paz, salud y felicidad.

Déjame entrar en tu corazón. Me conoces, aunque probablemente no me recuerdes, eso, sólo tú lo sabes. Soy Jesús. Abre todos los poros de tu cuerpo al más grande amor. Aquí estoy contigo, en el centro mismo de tu corazón. Nunca te he abandonado, quiero sanar tus heridas, liberarte del temor, trasparentar tu mirada. Aquí estoy siempre, aunque permaneces dormido, dando pasos en falso y sin rumbo, por caminos que conducen a la perdición. Y a pesar de todo permanezco aquí, esta vez te reto a que sellemos juntos un pacto definitivo. Se sincero y no te engañes a ti mismo. Compón tu rostro, sonríe. Mira, traigo en mis manos una antorcha encendida y creceré en tu interior como un sol de fuego inextinguible. Como una llama de amor viva.

Tú eres lo mejor. Tú eres mi promesa. Eres mi obra más perfecta. He gastado millones de años haciéndote, esperándote, amándote en el silencio del universo. Ahora todo sobra, basta el gozo de la existencia. Basta el amor.

Mi Señor Jesús, estoy aquí, Sé que he caminado a ciegas, pero necesito este espacio de encuentro y conversión. Gracias, sí, gracias por ser eternamente fiel y comprensivo conmigo. Estás aquí, puedo sentir tu presencia amorosa conmigo. Gracias por mi vida, mis manos, mis pies, mis sentidos, mi piel, mi sexualidad, mi cuerpo, mis potencialidades y cualidades; gracias por mi pasado, en el he aprendido a vivir y a construirme; gracias por mi familia, con todas sus limitaciones y carencias, ellos me han regalado la posibilidad de mi existencia; gracias también por todos y cada uno de los que amo y me aman. Gracias porque puedo ser yo, porque te conviertes en mi camino, en mi luz, en mi razón de ser.

Siempre estoy a tu lado a tiempo y a destiempo. Voy contigo a donde tú vas. Te falta poder y vengo a dejarte mi fuerza, mi gracia y toda mi luz. Yo soy tu escudo y tu protección. Reemprende de nuevo el camino que te alejó de mí y de los demás. Quiero que te conviertas en mi discípulo, yo estaré a tu lado siempre y te sugeriré lo que debes hacer y te daré los medios para que anuncies mi Reino. Tú eres el líder, la líder, que yo buscaba. Cuento contigo. Te necesito. Mantente al control de tu existencia. Toma el comando supremo de tu vida. Tú eres el capitán que conduces tu nave hacia buen puerto. Ahora ya estás dispuesto. Hoy es el día, tu día. Ya no más cobardía. La inseguridad, la pereza, la angustia se desvanece en mi presencia.

Porque tú estas llamado a ser coherente, confiable, positivo, optimista, Tu vida importa, Llénate de poderosas razones y sentido Por eso, te brindo mi apoyo, y quiero que crezcas más, mucho más, sin límites.

Toma tu cruz, acepta tu pasado y tus errores. Ya no te quejes más. Abandona la desconfianza, asume tus problemas, tus limitaciones y conflictos, ven y camina conmigo. Esta vez, yo seré tu cirineo. Porque tú, no eres víctima de nada, ni de nadie. Has de ser un hombre, una mujer de profunda fe, un discípulo apasionado. Quiero que provoques una revolución en medio de todos con tu creatividad. Pon a trabajar los talentos que puse en ti. Has de sobrellevar lo que no puedes cambiar y transformar lo que puedes alterar. La suerte está de tu parte. El viento sopla a tu favor. Toma decisiones audaces, no más conformismo, rodéate de gente buena a tu lado que te inspiren y tenlos siempre en cuenta. Decídete y escoge lo que te conviene. Lava y limpia tu mente y tu manera de pensar.

Yo creo en ti. Por lo mismo, afronta los riesgos y mide las consecuencias de tus actos. Para ello, debes sabes devolverte, salir a tiempo de las encrucijadas y rehacer de nuevo las cosas mejorándolas. Aprendiste a perder y a ganar. Has de tener una gran capacidad de adaptación a los cambios y de intuición para responder eficazmente ante los desafíos. Por todo eso, a partir de hoy todo será novedad en ti: Te proyectas al futuro como un líder previsor y realista. Vivirás el hoy y no te anclarás en el pasado y estarás siempre abierto a la novedad, al cambio.

Naciste para dar lo mejor de ti. Apostarás por la excelencia. Todo cuanto hagas ha de tener el sello de tu calidad, de tu constante superación.

Te ganarás la confianza y el cariño de todos, porque eres generoso, compasivo, amoroso, sensible, cálido, preocupado y desinteresado. En ti está el potencial para actuar como un líder excepcional, por lo tanto has de tener persistencia, paciencia, control de ti, disciplina. Cumplirás las metas que te propones Yo, el Señor, te pido como a S. Francisco de Asís: Reconstruye mi iglesia. Sí, reconstruye tu vida. Tienes muchos y grandes proyectos y lucharás por alcanzarlos, sin desfallecer, con tenacidad. Terminando lo que te propones y así la gente creerá en ti.

Serás humilde. Esa será tu mayor virtud. Pedirás disculpas oportunamente. Serás autocrítico y reconocerás tus propias equivocaciones. No tendrás enemigos, sabrás perdonar, comprendiendo la sombra de limitación que existe en tu entorno. Serás honesto, cabal, veraz, sincero, de una pieza. Tu rectitud será a toda prueba.

Di con pleno convencimiento: Yo tengo palabra, no hago falsas promesas. Mi palabra vale, porque cumpliré todo lo que diga y prometa. Me renovaré a cada instante. Tendré un poderoso magnetismo en mi vida y en mi forma. No me conformaré, mi inquietud constante de sabiduría y plenitud, me dará larga vida y salud abundante. Pensaré para hablar y no hablaré por necedad.

Yo decido ser una persona fraterna, servicial, tolerante y respetuosa. Tendré en cuenta a todos sin favoritismos, los reconoceré y los escucharé. Prepararé sucesores. Mi liderazgo no representará para mi orgullo, ni vanidad. No buscaré reconocimiento, ni admiración. Amaré y cuidaré de los que Tú, mi Señor, me has dado, ellos serán mi tesoro, por ellos seré capaz de sacrificarme. De ellos aprenderé todos los días.

Sabré pagar el precio de la honestidad, el precio de la entrega, el precio de la autenticidad. Entenderé y asumiré el rechazo y la envidia de algunos y acogeré positivamente las críticas constructivas que me hagan.

Mi mayor ideal será el servicio a todos y en todo momento. Tendré sensibilidad histórica, entrañas de compasión con los que sufren, seré un ser solidario que se compromete con la suerte de los desprotegidos y marginados. Haré parte de organizaciones eclesiales y sociales que procuren el bienestar y el crecimiento de todos. Seré un ser ejemplar.

Por eso permaneceré siempre adelante, en la línea de frontera, en la línea de fuego. Pero también con humildad entregaré mi bandera cuando se haya cumplido mi misión, cuando ya no tenga fuerzas, o Dios me depare otra misión.

Seré siempre un ser alegre, cálido, humorista. Sabré distinguir lo importante, lo justo, lo valioso, lo necesario. Aprenderé a reírme de mí mismo, corrigiendo mis errores. Actuaré con paso firme, con esfuerzo constante, manteniendo la mirada en la meta. Mi fiesta interior no se apagará el último día, porque se irradiará a todos aquellos que se contagien del elixir de la felicidad que llevan todos los que viven y trabajan totalmente por la causa de Jesús. Le daré a mi trabajo el condimento necesario para vivir a plenitud. Daré a toda hora gracias por todos los que compartan conmigo..

Seré siempre una persona espiritual, podré ver más allá y transformarme a cada instante. Seré capaz de superar la adversidad y los días aciagos porque estaré atado a tu cinturón de oro. A mi cuerda espiritual, aquella que me permitirá rodar por el abismo sin destruirme y sin hacerme daño quedando suspendido en las manos de Dios. Tú, mi amado Jesús lo eres todo para mí, y por eso puedo relativizar con gozo este presente, sacando las mejores reservas de mi vino, para brindar a cada instante por el gozo y el placer de existir.

Yo estaré siempre al control. Estaré siempre mirando el horizonte, atento a los cambios, inventando soluciones, desafiando las tormentas, ahuyentando el virus de la decadencia. Respetando las leyes de la naturaleza, protegiendo y desarrollando la vida de todos los que están a mi lado.

Por todo lo anterior, por mucho más, acepto el compromiso sagrado de vivir con gozo y plenitud mi existencia. Y hago este pacto y lo sello entre Tú y yo, de darle al mundo lo mejor de mí. Así pues, acoge con amor mi ferviente deseo: *Yo me comprometo con toda mi ser, con todo mi deseo, con toda la pasión, con sinceridad y responsabilidad; en pacto de sangre, en pacto de luz, conmigo mismo, contigo Jesús y con todos los que comparto mi existencia.¡Yo soy tu discípulo y tu ferviente seguidor, bendíceme.*

Psicopatología
del amor

- Afectividad -

Al atardecer de la vida te examinarán en el amor

San Juan de la Cruz

Domingo Cuatro de la tarde. María llega alterada a su casa. Confundida y alterada en su mundo interior, no responde al saludo de sus familiares. Toma una hoja y escribe "Lo lamento, no puedo estar en la fiesta". Deja la nota en la sala y sin apenas comer sube a toda prisa las escaleras.

Seis de la tarde. La tía Rosita toca inútilmente la puerta de la alcoba para despedirse de su sobrina consentida. Pero María, parece no interesarse desde hace un tiempo para acá en su familia, ni en sus amigos, todo de repente ha perdido sentido: estudio, diversiones, y ahora se refugia en su soledad.

Una hora más tarde la familia pasa a la mesa y celebran un aniversario más del hermano menor. Uno a uno y todos a una intentan convencerla tocando la puerta del cuarto: "María, no seas tonta. Ese amor no te conviene, no tienes derecho a padecer de esa forma. ¡Vamos! ¡Anímate!". Pero las palabras se deslizan al igual que sus lágrimas a través de un túnel desolado y sin salida.

Diez de la noche. El corazón de María palpita a un ritmo de locomotora, siente que le falta el aliento, mientras su cuerpo es azotado por un frío de malos presagios. Rompe con rabia cada una de las cartas y tarjetas que Andrés le envió en los últimos dos años y las incinera para que no quede recuerdo alguno. Once de la noche. Con éste van siete domingos que su enamorado no le llama, parece haberla borrado totalmente de su memoria. María hace de la habitación un caos destrozando los últimos vestigios de amor. Con los ojos saliéndose de sus órbitas y un dolor agudo en su pecho, entra al baño, se mira en el espejo, mientras llora profusamente y toma consigo una vieja cuchilla de afeitar.

Una atmósfera enrarecida envuelve a todos en el hogar, y sus padres como si estuvieran conectados con su mente despiertan sobresaltados cuando apenas recién acababan de acostarse. El reloj marca las doce en punto. Pensando lo peor, irrumpen como pueden en su habitación procurando salvar lo imposible:

— ¡María! ¿Qué te paso?, ¿Por qué lo hiciste hija? — Preguntan sus padres.

— ¡Fue por él! ¡Lo quiero sólo a él! ¡Andrés o nadie! ¡Andrés o naaa... die!— Quedándose dormida para siempre.

No sabemos amar, esa es la causa de nuestros errores y de nuestra infelicidad, de no pocos suicidios, de tantas vidas desechas y destrozadas. ¡Tómame! ¡Poséeme! ¡Has conmigo lo que tú quieras! ¡Haría cualquier cosa por ti! ¡Tú eres la única razón de mi existencia! Estas y muchas frases parecidas son el mejor ejemplo del camino que conduce al fracaso amoroso. Pareciera que todo acto de amor, conduce inexorablemente al odio.

La historia del amor, es la historia de nuestras heridas. Por supuesto que no tan trágico tampoco. El amor conduce a la desilusión, a la frustración. Nos permite contemplar la diferencia y la separación. Cada quien con su peculiar forma y manera nos recuerda que no tiene sentido la uniformidad.

Lo que pasa en el mundo de los cuentos refleja nuestra propia realidad desdichada. *A un hospital mental llega un visitante y el psiquiatra de cabecera le enseña una de las salas. En la esquina, contra la pared un joven se da golpes de cabeza mientras solloza desesperadamente: "¡Lulú! ¡Lulú!". El turista preguntó ¿quién es ella? y el médico responde: Lulú es la chica con quien él se iba a casar, pero ella no quiso. En la sala siguiente, otro paciente también se daba golpes de cabeza contra el muro, mientras repetía ¡Lulú! ¡Lulú!. El visitante preguntó si se trataba de la misma mujer. Y el psiquiatra le respondió: Efectivamente, éste fue el que se casó con Lulú.*

Hay amores que matan. Pasiones inmanejables. Amoríos que hacen perder los estribos y conducen a lo inimaginable. Y es que estar pérfidamente enamorado es un acto irracional. Irse de casa, hacer a un lado los compromisos asumidos, casarse para asegurar al otro, forzar el nacimiento de un hijo indeseado en un intento por retener al amante, creerse incomprendido por todos, perder el apetito, el sueño, la capacidad de concentración y repetir una misma canción durante un mes, día y noche, poseído por el fantasma alucinatorio de un extraño que se ha convertido en dios y señor de la existencia, es una delirante locura. Y la infortunada víctima termina siendo poseída. No lo dudes, las posesiones existen, son reales, son de carne y hueso.

El único exorcismo posible capaz de liberarnos del maleficio es la autoafirmación de que no dependemos de nadie para ser felices y en el centro de nuestra existencia únicamente gravita nuestro yo... todo lo demás es grata compañía.

Le decía un joven a su consejero: *"Busco alguien que me comprenda, me ame, me proteja, me saque de mi soledad y esté a mi lado para siempre y no lo encuentro"* Y el consejero le respondió: *"jovencito: usted lo que tiene es una enfermedad"*. No, nadie es para ti. Tú no eres mi vida, mucho menos mi felicidad. Te amo mucho, te quiero inmensamente, quiero que estés a mi lado y yo al tuyo construyendo y haciendo realidad nuestros sueños, pero no eres mi norte y menos mi felicidad. Pero, ¡vamos!, no te sientas mal, agradezco inmensamente tu cercanía y tu compañía

No sabemos amar porque tememos a un fantasma que habita dentro de nosotros y se llama soledad. Al menor atisbo de su presencia, se provoca un cortocircuito interior que dispara la angustia y la ansiedad y nos lleva a experimentar el vacío. Entonces, poseídos por el afán de fusión y renunciando a nuestra autonomía, huimos por la calle, como la chica aquella, en busca del primer ingenuo que cruce por la esquina, y a penas lo encuentra se trepa en sus espaldas, preguntándole: ¿Hacia dónde vas? Para ningún lugar —responde él-. Maravilloso, -responde ella-, ¿entonces nos vamos juntos?

No sabemos amar, porque fuimos mal formados en el deseo. No hemos superado el desordenado deseo infantil. No sabemos desear. El entrenamiento temprano sobre el amor nos condujo al reino de la fantasía y la ilusión. Entorno al amor, se han tejido los más hermosos mitos. *El mito del alma gemela, el mito del amor ideal, mito de la hiedra, de la media naranja, de la felicidad perdurable* y otros tantos que envenenan, enferman y matan.

Mito del alma gemela: Indudablemente la persona ideal para casarse, aquella que no me va a abandonar en el camino, soy yo mismo. Amamos los espejos. De echo algunas veces, el estado de enamoramiento no pasa de ser una proyección narcisista, y así lo expresamos: "Te amo tanto... te pareces tanto a mí". Es una palabra mágica que esconde un yo infantil que finalmente pareciera decir: ¡qué lastima, qué pena, que no seas igual a mí...!

Amamos nuestra sombra, y el otro es un fantasma proyectado a medio camino entre los dos, de aquello que yo creo que el otro es, pero la imagen que me hago no pasa de ser la proyección de mi propia fantasía. A su vez, también la otra persona termina amando sus fantasías y no la realidad.

Ahora bien, existe otra modalidad en esta misma dirección: **el mito del amor ideal**, es el amor materno o paterno, por eso las personas que amamos llevan finalmente la estampa y el estilo del progenitor que nos acompañó de niños. El modelamiento parental temprano crea una copia interior. Así pues, si yo no puedo casarme conmigo mismo, entonces la segunda persona preferida es la propia madre. Nadie me cuidará, se desvelará y se preocupará tanto como ella... pero la ley universal del incesto se interpone como trasgresión a la ley natural de preservación genética de la especie. En una palabra no se case con su madre, porque se tira la especie. Lo mismo vale para el padre.

Mito de la hiedra. Extraño sí, patológico también. Este amor enreda como la hiedra a la víctima indefensa en un útero sin salida. Se cumple de hecho en muchas madres insatisfechas, abandonadas, frustradas, que terminan atrapando uno de los hijos aun a costa de la propia realización personal, para cumplir en él al esposo ausente, dispuesto a dar su vida, su tiempo y su dinero. Soy consciente que no debo casarme con mi propia madre, pero, ¿qué puedo hacer, si de niño, ella se casó conmigo? Entonces, la frustración matrimonial, en caso de darse, no podrá ser peor, las relaciones sexuales con la pareja no serán gratificantes... sería como consumar el incesto y de ahí la recurrencia a buscar en otros cuerpos carentes de amor la fusión.

Mito de la media naranja. Pareciera decir: Soy un ser incompleto, en algún lugar debe estar mi otra parte. Esta concepción lleva fácilmente a la idea de fusión, a generar mecanismos de dependencia, a buscar un impostor dispuesto a manipularnos a su gusto. Nadie te complementa tampoco. Sería más apropiado decir: Nos enriquecemos mutuamente

Pero también está el **mito de la maternidad o paternidad universal**, y puede padecerse así: soy un ser desgraciado e incompleto si no me caso o si no tengo un hijo... tantas veces deseado para que acompañe la vejez y la soledad, circunstancia esta última que conduce a la desgracia. Nada más tramposo en la cultura que la creencia según la cual: el matrimonio te hará feliz, o que todo ser humano está orientado a resolver su existencia al lado de alguien. "¡Te está dejando el tren!", "¡te quedaste para vestir santos!", "¡cásate y hallarás la felicidad!", estas y muchas otras estúpidas frases de cajón inducen a las personas a pensar que el matrimonio es una realidad inevitable.

La cultura arrastra consigo numerosas falsas creencias y por esto se nos exige una absoluta y radical libertad interior, acompañada de un buen ejercicio crítico. Todos los padres quieren tener nietos, pero si no está en tus planes, sé feliz y regálales una muñeca Barbie.

Mito del amor pirata. No sabemos amar, porque fuimos adiestrados como guerreros o piratas para conquistar sin responder por nuestros desvaríos. Todo un galán coleccionando trofeos carentes de sensación. El amor se torna mutilado e insípido cuando encubre la impotencia de mantener una relación estable y definida. En el amor y en la amistad somos enriquecidos por los otros. El problema no es quién llena mi vacío, sino cómo conquisto mi identidad y afirmo la diferencia. Teniendo siempre como regla de oro la fidelidad.

Y no se diga del *mito del amor perdurable*. Soñamos con un beso eterno, con un amor infinito, que no conozca el dolor, que no sepa de cansancios y conflictos, donde no llegue jamás la soledad, la enfermedad, la muerte y la separación. Esa fantasía tiene lugar porque fuimos entrenados para poseer y ser poseídos, para manipular al otro hasta que termine siendo imagen y semejanza nuestra.

En el popular cuento *El Principito* de Saint Exupery, habitando su planeta de soledad con un baobab y dos volcanes, cae un día una semillita de la que nace una rosa que crece y se hace fatua y vanidosa. *"Protégeme del sol, protégeme del viento, rocíame temprano'. Principito no logra comprender su insensatez y se desencanta y termina por abandonarla, huyendo hacia otro planeta".* Así es el amor. El amor se agota. Se invade de rutina, enferma, se desencanta y puede llegar a la indiferencia, que es su muerte.

Es preciso alterar nuestros modelos patológicos y ser realistas: todo amor se acaba cada día y es preciso recrearlo de nuevo. Nuestro cerebro, no soportaría un estado de permanente euforia y bombardeo químico hormonal para procurarnos éxtasis y pasión. De hecho la inmensa mayoría de los amoríos se derrumban y fenecen antes de los primeros cuatro años de convivencia mutua.

El amor por lo tanto tiene su química y sabiamente la naturaleza activa en su beneficio todo un coctel de hormonas altamente especializadas. La hormona FEA —feniletilamina— crea un estado de hipersensibilidad y alteración general, que puede impulsarle a gritar como un loco o loca bajo el chorro del agua, o a que paladee tu voz y enmudezcas cuando hables con la persona amada. Se acompaña de alucinaciones, pérdida de apetito, ritmo cardíaco irregular, amnesias, ansiedad, cambios bruscos de humor y otros curiosos comportamientos.

La liluberina es la responsable de las uniones mágicas y del apego. La testosterona en exceso bloquea de ordinario la dulzura y el afecto. Cuanta más testosterona se produzca menos probabilidad de fundar una relación permanente. Los estrógenos activan el sonrojo en las mejillas. La serotonina dinamiza el placer y del optimismo. Las feromonas potencian la atracción mutua, el enamoramiento y la relación sexual.

Después de esta primera etapa, y casi a punto de enloquecer, el cerebro cierra las válvulas y se acaba la luna de miel. Entonces el paciente queda a la deriva entre dos caminos: desenamorarse y salir corriendo por falta de vitamina, o abrirse a una profunda experiencia más serena, más tranquila, más segura y estable, ese segundo momento es la expresión de la madurez en el amor. y por lo mismo es más auténtico, menos químico y más espiritual. Esta etapa es favorecida por las endorfinas que brindan seguridad y felicidad, dan serenidad, paz alegría y sosiego y la vasopresina que favorece la responsabilidad.

El amor definitivamente es ciego, cojo, y sordo. El cerebro se confabula en no pocos casos, tendiendo una trampa a la razón, desactivando zonas comprometidas con el buen gusto y tino a la hora de seleccionar a quien suponemos, será la pareja ideal. Explíquese entonces como es posible que una persona sin atractivo suficiente se enganche con toda una reina de belleza, o por qué la niña más juiciosa del curso y de la casa, termina lunáticamente enamorada de un chico vago, alcohólico y sin promesas de futuro.

¿Bueno y entonces a qué conclusión llegamos? Si después de cinco, diez o treinta años, su relación de pareja está alterada constantemente por la violencia, maltrato, humillación; pero también, si usted tiene que hacer un esfuerzo sobrenatural para que le amen, no lo dude, eso dejó de ser amor, y ahora es urgente que usted revise seriamente su autoestima, su equilibrio emocional, su sentido de vida, porque probablemente de su casa solo quedan los escombros… y si no actúa a tiempo, está en serio peligro su propia salud mental, física y emocional; nadie que sea cuerdo, querrá vivir entre las ruinas de una relación. Es hora de construir otra casa o al menos terminar de romper y terminar lo que de por sí ya estaba roto. Ánimo, se valiente, ten un sentido de dignidad, la vida continúa.

Todo amor debe hacerse adulto, racional y razonable, reconocerse en la fragilidad, en la incertidumbre. Enriquecerse en el manantial de la espiritualidad que nos libera de ataduras. Amar es un arte. El proceso de humanización y personalización es la ruptura del estado de egoísmo fundamental que nos envuelve en la infancia.

Lo que tú has vivido hasta hoy, no es totalmente circunstancial. En gran parte tienes el amor que te mereces. Hay una gran cuota de responsabilidad en las elecciones que hemos hecho precipitadamente, pero podemos aprender. La experiencia no consiste en experimentarlo todo. Si esa es la norma, te sugiero lanzarte del último piso de la torre más alta de la ciudad a ver que nuevo aprendizaje obtienes. De ordinario experimentamos muchísimas cosas pero no aprendemos nada o aprendemos poco, porque nos limitamos a sentir, olvidándonos de la conciencia.

Amar es un proceso de afirmación de sí mismo, del otro, de los otros y de la vida. El amor es transformación activa. Es una experiencia que nos descubre frágiles y necesitados unos de otros.

Ah, y no te olvides, cuando el amor se vive desde la experiencia de Dios, entonces el caudal de su gracia lo dignifica, lo engrandece, te afianzará en la responsabilidad, en la entrega, en la solicitud por el otro y las bendiciones cubrirán el techo que los cobija. Qué estrecho es el corazón cuando no se abre a la dimensión sacramental que empodera y santifica el amor por encima de los temores, la fragilidad, la inseguridad y la desconfianza. Indudablemente una pareja espiritual evita muchos atajos oscuros e infidelidades, sortea mejor las crisis, abre su existencia más allá de su cerrado círculo y descubre que más allá del amor mutuo el mundo los reclama para la generosidad y el servicio.

Un sabio refrán popular dice: *"Nunca sufrimos, nos descomponemos, y padecemos tanto como cuando estamos enamorados. Pero también, nunca sufrimos, nos descomponemos y padecemos tanto, como cuando estamos absolutamente abandonados"*. Como decía el poeta: *"el amor, esa dulce enfermedad"*, misma que se sana cuando se funde en una plegaria hecha compromiso por una vida digna y buena. Por una experiencia de amor liberador, y abierto.

Ternura
como respuesta

- Sentimientos -

Muéstrame tu rostro,
déjame oír tu voz;
porque tu voz es suave
y es hermoso tu semblante.
El Cantar de los Cantares 2, 14

Hablar de la ternura en una cultura machista, es como entrar a un coctel en vestido de baño. La ternura, la calidez, la suavidad en el trato, están desdibujadas socialmente. Todas nuestras respuestas emocionales son adquiridas en la escuela de la vida. La ternura es el contrario de la dureza, la frialdad, la inflexibilidad. Quienes se atrincheran en estas posiciones se privan de la hermosa oportunidad de dar y recibir afecto. La dureza es un traje de puerco espín, adquirido como defensa y temor ante la agresión que ha dejado, en un pasado generalmente infantil, el maltrato.

La ternura es una de las cualidades que generan la mayor fuente de atractivo; encanta, fortalece, pero aún más, es un poderoso antídoto contra el instinto de agresión. La ternura se regala en la mirada, en la apertura de corazón, en la cordialidad, en el tono empleado para solicitar un favor, en el abrazo en la manera de estrechar la mano y hasta en la manera de dirigirnos a una persona desconocida que nos solicita. Podemos ser tiernos incluso en los momentos en que necesitamos corregir, reclamar, orientar, pero es preciso antes doblegar el orgullo y la prepotencia.

La ternura es el más refinado desarrollo del espíritu de un ser humano. Es un privilegio ser tierno, pero es propiedad de aquellos que no temen ser vulnerables socialmente. Educar en la ternura es crear una revolución capaz de construir nuevos puentes ante la guerra, la violencia, el maltrato, el machismo, la discriminación por condición de sexo, religión, tono de piel o condición.

Asumir la ternura como actitud, implica desaprender. Es una ruptura desafiante frente a un mundo individualista, prejuiciado, temeroso, cerrado, frío, duro, calculador, machista. Ser tiernos en un mundo centrado en lo no humano, en el mercado, en el consumo, en la marca, es devolverle al mundo la pasión por la vida, el gozo de la hermandad, mediante el reconocimiento y aceptación de las diferencias, sabiéndonos frágiles y necesitados.

Ser tiernos es una determinación que podemos tomar y una decisión que implica riesgos; es decidirnos a amar y a ofrendarnos sin celos, ni temores. Para ser tiernos sólo es preciso una cosa: Recuperar nuestra más legítima esencia perdida a través de las carencias afectivas, los maltratos recibidos, los abandonos y ausencias y la pérdida de la piel a través de los años de contacto con la cultura y con ambientes enfermizos que nos separaron de nuestro yo emocional.

Volvamos una vez más al rebosante lago de la vida, para reencontrarnos con lo esencial. El manantial que lo alimenta es Dios y nos da a todos nuestra más profunda esencia. La ternura es decididamente humana. Lo aberrante es el estado de confusión cultural que otorga al comportamiento rudo y torpe, máscara masculina y reserva la ternura para la mujer desdibujándola caricaturescamente como debilidad, fragilidad, hipersensibilidad. Hoy, justamente debiéramos decir: un ser humano sin ternura, crea sospechas de traumas no resueltos, enrarece el ambiente, agria la convivencia.

La ternura es el canal que nos comunica con todas las culturas, con todos los pueblos, con todos los hermanos y hermanas en el universo a través de su piel, de sus poros, de la caricia, el abrazo, la palabra oportuna, la mirada acogedora. La ternura renueva y humaniza el amor, la amistad, las instituciones, la cultura, rescatándolos de su gélido y metálico cuerpo de plomo.

Despierta
tu espíritu.

- Empoderamiento -

Lo posible siempre lo hemos hecho,
lo imposible lo estamos haciendo,
para los milagros nos estamos preparando.

Quizás pertenezcas a ese pequeñísimo círculo de los grandes, los que mantienen la mirada en alto, contra toda circunstancia adversa, los que se esfuerzan dando siempre lo mejor de sí mismos, eso, sólo tú lo sabes.

También puede suceder, que hagas parte del pequeño planeta de los atrincherados, de los temerosos, de los derrotados y doblegados sin dar aún la primera batalla. Estos, como los anteriores, son un círculo pequeño, justamente en el otro extremo del péndulo.

Pero entre estos dos extremos queda el inmenso círculo del centro, en el habitan todos aquellos que se identifican con el reino de lo normal, de lo "natural", habitando en el enfermizo mundo de la rutina, de la mediocridad, de la pasividad y es en este justo centro, donde supervive la mayoría de la población, *el populoso país de los enanos* como lo llama el filósofo colombiano José Ingenieros.

Nos asusta, nos impresiona, encontrar tantas mujeres y hombres, tantos adolescentes y jóvenes, arrastrando sus vidas carentes de ánimo, ausentes de sentido.

Mírate, todo te ofende, todo te afecta. Permaneces en conflicto con todo el mundo exterior, resentido, agresivo, neurótico, pero también, todo te detiene, te asusta, actúas con espíritu temeroso e infantil.

Gruñes y te quejas por todo lo que te han hecho sufrir, como si el mundo se hubiera confabulado contra ti, pero también sientes que todo te hace bailar al son que te toquen, como una hoja seca a merced del viento. *No hay poder en tu vida*, y eso que llamas: "tu decisión personal", no pasa de ser a menudo tu propia identificación con el deseo manipulador de los fantasmas que te poseen y obran dentro de ti: lo que tu familia, tus amigos, la cultura y las instituciones quieren que seas.

De hecho, *"Pierdes muchas batallas afuera, porque pierdes muchas batallas adentro"*, Virginia Satir. Hasta el presente has luchado irracionalmente contra todo el mundo, creyendo ganar la batalla, lo has logrado... cuán lejos están los otros de ti. Te has quedado solo en el campo de batalla.

Sin embargo, no hay sino una sola guerra capaz de devolverte tu antiguo y todopoderoso imperio perdido, prepárate para la reina de las batallas, aquella que te llevará a transformarte a ti mismo, a ti misma.

¡Pero qué difícil! *"Me doy cuenta que no hay nada en el mundo que aborrezca más el hombre, que emprender el camino que conduce a sí mismo"*. Hermann Hesse.

Cuánto cuesta adueñarse de sí mismo; se necesita apostarle a la originalidad, a la autenticidad, a la disciplina, al compromiso permanente de ser auténticos e inquebrantables. Pero, ¿por dónde empezar?

Hemos sido ambientados para comportarnos como seres sufrientes e inferiores, impotentes, inseguros, dependientes, temerosos. El programa mental que ahora tienes, ha sido elaborado desde la infancia, a través del ambiente familiar, colegial, cultural; lo has ido incorporando, hasta tener hoy en tu mente, *la idea de lo que piensas que tú eres*, y con esa idea petrificada te has casado.

No queda alternativa, sólo un profundo proceso de introspección, que facilite la conciencia plena de *encontrarnos-con-nosotros-mismos*, nos puede rescatar de la despersonalización habitual.

Ponte en pie y toma el camino correcto, aquel que te conduce a tu interior y te permite tomar contacto con tu esencia profunda, con tu yo, para abrir las puertas a la unificación interior. Hacerlo es *empoderar* al capitán de la nave para que la conduzca hacia buen puerto.

Y no resulta fácil. *No estamos acostumbrados a la soledad*. El temor al aislamiento, nos produce una gran desazón. Buscamos una vía de escape fácil que nos permita escondernos de nosotros mismos, y a la par, huir de nuestros compromisos. Un juego absurdo, sin fronteras, en el que no se sabe cuando se comienza, aunque se supone como termina, un juego sin risas, un juego sin juego. *¡No huyas!, los lugares son todos iguales, no hay sino un único lugar donde pueden ocurrir milagros y está dentro de ti.*

Cada vez más, nuestro estilo de vida sigue el enfermizo paradigma norteamericano: buscar la felicidad en el mundo externo, en el dinero, siempre fuera de sí, centrado en las cosas, en lo material. La soledad es el más hermoso y atractivo universo interior donde habita un ser maravilloso y desconocido que reclama tu compañía. Entonces aclara tu mente: *Lo más importante de las cosas, no son las cosas.*

Conocerse es transformarse. El conocimiento de sí mismo es un acto heroico, propio de un guerrero, que debe abrir caminos entre los matorrales, salvar peligros, avanzar en la noche, enfrentar fantasmas, desafiar temores, sortear trampas y situaciones adversas, hasta llegar al castillo que era poseído por agentes invasores.

No seas ingenuo, un guerrero combate a un enemigo externo, pero su vida es, muchas veces, todo un desastre. Por eso mismo, nada suena tan ridículo como el querer otorgarle a todo guerrero el apelativo de héroe, cuando tantas veces no ha hecho otra cosa que acabar vidas, saquear aldeas y llenar su botín con el dinero de gente buena y justa. Se trata de efectuar un cambio radical, de una transformación a fondo.

No te engañes, no se trata de componendas ni de arreglos superficiales. La inmensa mayoría de productos que subasta el mercado de las relaciones humanas, procuran mejorar la fachada con cambios relativos, frecuentemente poco duraderos. No basta la pintura, cuando el edificio está resquebrajado. Le preguntaron alguna vez al presidente de una prestigiosa compañía multinacional de productos cosméticos: *Gerente: ¿sus productos realmente dan belleza a las personas?* Y este respondió. —Me contento con venderles esperanzas.

Nos enamoramos y creemos encontrar así la solución final a todas nuestras carencias, traumas y problemas. Salimos huyendo del ambiente familiar y colegial, refugiándonos en otros cuerpos, en otros ambientes, en el licor, el sexo, la droga, el juego, pero pasado un instante vuelven a sorprendernos los fantasmas y de nuevo huimos en un ciclo infernal.

Las falsas ideas y percepciones que tenemos del mundo externo y de nosotros, juntamente con las experiencias traumáticas de la vida, nos conducen a elaborar fobias, temores, bloqueos y estos "protegen" al Yo de nuevas circunstancias críticas, evitándonos el padecimiento, ofreciéndonos pequeños reductos de seguridad provisional y aparente.

El escapismo a la angustia existencial, nos engancha con el placer. Según la psicóloga Carmen Serrat, *"El ser humano, necesita alcanzar un nivel de satisfacción en la vida. Normalmente, ésta se encuentra repartida en diversas actividades: el trabajo, el sexo, la comida, el descanso, el afecto... Sin embargo, cuando la persona se siente frustrada en alguna o muchas de estas facetas, entonces centra su atención en una sola"*; haciéndose adicto, se evita la angustia de la conciencia, mediante la fuga de sí mismo.

Como estos mecanismos se aprendieron en el ayer, tenemos que volver de nuevo a él, para re-significarlo, para vaciar la taza y elaborar nuevas respuestas. La reconciliación con el pasado es un proceso que consiste en liberarse de las ataduras, aquello que ocurrió ayer, ya no existe hoy. *El pasado no existe en el ahora*, F. Perls.

Nuestros recuerdos nunca se corresponden con la realidad vivida en el ayer, al igual que en los sueños, siempre hay una reelaboración posterior, a través de la cual inconscientemente distorsionamos y cambiamos la realidad para evitar la angustia de enfrentar la dolorosa situación no resuelta. Reconcíliate con tu pasado, atrévete a perdonar y olvidar. No es fácil para ti, pero es la única soga que puedes agarrar para salir de tu oscuro y profundo pozo.

Perdonar es también comprender el inmenso mundo de cadenas de opresión, enfermedad y limitación en que viven o vivieron quienes te hirieron. ¡Vamos! ¡Anímate!, perdonar es provocar el más grande de los milagros y era siempre lo primero que hacía Jesús, con cada hombre y mujer que entraba en contacto con Él. *-Levántate, y anda. Todos tus pecados te son perdonados.* (Lc 5, 23) Todo tu pasado fue propio de un ser adormecido.

Por eso, sólo un legítimo acto de perdón y autoafirmación, te rescatará. Lo que hiciste o no, te hicieron o dejaron de hacer, no es la causa de tu vida presente de la cual finalmente tú eres el único responsable.

Es tu hora, no postergues para más tarde, que ese día nunca llegará. La unificación total del ser, consiste en una experiencia de profundo amor a sí mismo y a la vida. Toma posesión del más bello y poderoso país jamás soñado. Entra hasta el palacio real y empieza ahora tu gobierno. Eres el único dueño de tu existencia. Ámate a ti mismo, es la primera invitación del mandamiento fundamental del cristianismo. ¡No naciste para ser esclavo! Domina tus circunstancias, vuelve a sonreír, palpa tus manos, tu rostro, tus lágrimas. Goza del más bello de todos los placeres y el más sublime: ¡la alegría de vivir!

Y ya que has despertado, gigante dormido, ¡no te quedes ahí sentado! Hoy es el día, tu día. Ahora que has vuelto a la vida como una mágica y todopoderosa ave fénix, resucitando de las propias cenizas, no desfallezcas. *El poder de todo el universo está contigo*. Lo tienes todo, menos una segunda oportunidad: Ahora o nunca.

Pasión
por la vida

- El estrés desde la perspectiva del PNL -

No puedes dirigir el viento,
pero sí puedes realinear las velas.

Una calamidad, un disgusto de pareja, familiar o laboral, una situación no resuelta, una tarea que no estará a tiempo, esto y mucho más, genera una sobrecarga en el sistema nervioso y se manifiesta exteriormente en el aumento del ritmo cardíaco, la sangre fluye con ímpetu, provocando una sensación de calor en las mejillas, sudamos copiosamente, los músculos y tendones se tensan y se crea un vacío interior, éstas, sin embargo, son apenas algunas de las manifestaciones que acarrea el estrés.

Demos una mirada desde la biología, para comprender esta reacción fisiológica del organismo. En situaciones normales las células de nuestro organismo emplean alrededor de un 90% de su energía en actividades metabólicas dirigidas a la renovación, reparación y creación de nuevos tejidos, esto es lo que se conoce como metabolismo anabólico. Sin embargo en situaciones de estrés, el procedimiento cambia drásticamente. En lugar de las actividades propias del taller de mantenimiento y producción de nuevos tejidos, el organismo se dedica a tratar de enviar cantidades masivas de energía a los músculos. Para lograr esto, el organismo invierte el proceso y cambia a lo que conocemos como metabolismo catabólico, se bloquean las actividades anabólicas y ahora el organismo empieza a descomponer los tejidos en búsqueda de la energía que tan urgentemente necesita, para manejar el estrés. Así, en conceptos altamente simplificados funciona el modelo.

Somos organismos abiertos, y altamente complejos. Estamos en relación directa con la cultura, la tecnología y el medio ambiente. Nuestra adaptación o resistencia a los cambios, determinará el nivel de estrés. En palabras del Dr. Deepack. Chopra, prestigioso escritor y divulgador de las ciencias de la salud y la psicología, *el estrés es básicamente una interpretación de la realidad, esto es, el significado que le damos a los acontecimientos externos e internos.* Los problemas no existen como tal, dependen del enfoque que tengamos para interpretarlos y las soluciones que aportemos para controlarlos. El problema no es el problema, sino la forma como lo manejamos.

Ahora bien, *en la mentalidad popular, se tiene una noción desfigurada y demoníaca del estrés.* Casi siempre de hecho, se tiene una visión inadecuada y empobrecida. El estrés es algo más que una válvula de escape, o un semáforo en rojo. Así pues, no solamente los problemas y conflictos no resueltos, recargan el sistema, también las emociones fuertes, aportan una buena cuota que altera el metabolismo, pero ésta última en forma positiva.

El estado permanente de estrés negativo, está relacionado con muchas de las principales causas de la muerte tales como el cáncer, enfermedades cardíacas, cirrosis del hígado, enfermedades pulmonares, accidentes, consumo de psicoactivos y suicidio. El estrés negativo, puede tener como uno de sus efectos, el acortarnos la vida y envejecernos prematuramente.

Pero, visto desde otro ángulo, un estrés positivo, esto es, una carga positiva del sistema, moviliza un estado general de satisfacción y placer, con resultados que potencian el sistema inmunológico y por tanto se gozará de mejor salud, a la par, la producción de endorfinas generará un efecto placentero. Una buena dosis de tensión y preocupación por las cosas que hacemos le da sabor a la vida, potencia el gozo y la felicidad, mejora la eficiencia y estimula la creatividad.

En una palabra: *La vida es estrés*. No podemos salirnos de él. Es como estar parados en una cuerda acerada a 50 metros de altura, al igual que lo hacen los acróbatas en un circo, el desafío consiste en mantener el equilibrio constante, mientras la cruzamos hacia el otro extremo... con la extrema condición de que no contamos con una malla ahí abajo esperándonos para salvar nuestra vida.

Quedamos que hay un estrés negativo y otro positivo, pero también, te voy a decir algo curioso: el exceso de estrés negativo es tan demoledor como su ausencia. *La falta de estrés es la muerte*. La inmensa mayoría de los problemas humanos tienen su origen en dos niveles: uno interior y otro relacional. En la dinámica personal, es tan destructivo para el ser humano la falta de metas en la vida, como el tenerlas y no poder alcanzarlas. Y en el campo relacional, los estados emocionales prolongados llevan a una sobreproducción de hormonas "negativas", -catecolaminas y corticoesteroides-, que pueden comenzar a causar grandes daños en nuestro organismo. Entre éstos se incluyen: fatiga, destrucción de los músculos, diabetes, hipertensión, úlceras, impotencia, enanismo, pérdida del deseo sexual, interrupción de la menstruación, aumento de la susceptibilidad a las enfermedades, y daños a las células nerviosas.

Hoy, la inmensa mayoría de las personas, se limitan a vivir sus vidas sin pasión, enrareciendo el ambiente con una conducta autodestructiva, marcada por el sin sentido, la apatía, el desgano, el desdén, el mal humor, la rigidez, el pesimismo y el resentimiento. Esta atmósfera negativa, se alimenta con sentimientos de frustración, autocompasión, poca valía, y baja autoestima entre otros. ¿Cómo salir del atolladero?

Somos el producto de un programa mental incorporado a través de los procesos de socialización, que arranca desde la infancia temprana. Nuestra conducta es el producto de nuestros pensamientos y estos son inoculados en la conciencia a través del ambiente y la cultura. *Si piensas que no puedes, no puedes*. En una palabra, somos lo que pensamos. Desde una visión más filosófica, diríamos: somos pensamiento. El problema radica en la malformación del mismo: Nuestro pensamiento está enfermo. Si aprendemos a pensar de otra forma, alteramos el resultado y consecuentemente re-significaremos la realidad. Existen muchas formas de interpretar un acontecimiento, optar por una valoración positiva, armónica e integradora del ser, eso es terapia. La clave la aporta la Programación Neurolingüística.

Basándose en los datos obtenidos a través de todas sus investigaciones, Bandler y Grinder, -investigadores norteamericanos, considerados los padres de la neurolingüística-, elaboraron el sistema que hoy día es utilizado como sistema genérico de aprendizaje o como terapia: PNL.

A través de este sistema, se logran resultados eficaces, tales como: automotivarse, autocontrol y se aprende a dirigir proactivamente los pensamientos y emociones, a perder los miedos y generar confianza en uno mismo; pero también a construir relaciones interpersonales armónicas, relaciones sexuales placenteras, dejar malos hábitos o vicios, y hasta curar algunas enfermedades. Recuerde que el 70% de las mismas tienen origen en el estrés negativo.

Víctor Frankl, fundador de la Logoterapia, llegó por otro camino a esta misma percepción, cuando se preguntaba por la causa de tantos suicidios en personas adolescentes y jóvenes que estaban en los campos de concentración de la otrora Alemania nazi. Su sensibilidad ante el sentido de la existencia se reforzó con el suicidio de un compañero de estudio, cuyo cuerpo fue encontrado con un libro de Nietzche en sus manos, esto lo llevó a considerar que existe una fuerte relación entre lo que se piensa y la manera como se ve y se enfrenta la vida.

Todos los caminos conducen a la misma evidencia: cuando tienes un sentido, no caes en depresión, no te suicidas. *"Aún en las peores condiciones —afirma-, no importa la forma, ni las circunstancias, la vida tiene sentido y puedo darle un significado positivo a la existencia".*

El dolor, la enfermedad, la pérdida, la frustración, la muerte, están con nosotros. El sufrimiento, depende de la actitud que tengas hacia los acontecimientos. Si tienes claro lo fundamental, sabrás organizar coherentemente lo demás. En una palabra: cuando tienes claro un sentido, la visión y la misión serán la carta de navegación. Si te identificas con tu profesión, esto mismo redundará en la calidad de tus acciones. Serás por lo tanto un excelente profesional, un esforzado alumno. Pero, haz extensivo este comportamiento a todos y cada uno de los roles que desempeñas, y verás como la vida te devolverá con creces y oportunidades tu esfuerzo, disciplina, entusiasmo y pasión por hacer las cosas con excelencia. Bienvenido entonces a la cultura del exceso: ¡vamos a transformar lo extraordinario en ordinario!

Mira no es cosa del otro mundo. Cuando estás en el lavadero de loza, lo primero que debes hacer es lavar primero los objetos grandes, para despejar el área, después, con buen sentido de organización vas evacuando los medianos y finalmente los pequeños objetos son más fáciles de lavar. Así pasa con los problemas. Cuando solucionas uno o dos problemas que son los más importantes, los demás se manejan con mayor facilidad.

El PNL, tiene una concepción dinámica del ser humano. Y resulta una excelente herramienta para encausar y controlar armónicamente el estrés. Como punto de partida: todas las personas pueden cambiar en cualquier momento, ya que la esencia de la vida es el cambio. La naturaleza del universo es la alteración constante. Y las personas tienen todos los recursos que necesitan para mejorar sus vidas. No le des vueltas: Si quieres algo nuevo, debes hacer otras cosas o cambiar los procedimientos.

Suzanne Kobaza, plantea tres actitudes fundamentales que regulan el estrés. Si un ejecutivo, un maestro, un padre de familia, realiza su estresante trabajo con estas actitudes, se verá libre de los efectos nocivos del estrés: 1. Ten clara tu misión en el mundo y no hagas las cosas por hacerlas. 2. Mantén el compromiso, responsabilizándote de tus actos y dando al mundo lo mejor de ti. 3. Sé flexible. Abandona tu comportamiento rígido y acartonado, integra el dolor, amplia tus niveles de tolerancia y dale sobredosis de humor a tu existencia.

Salto
al vacío.

- Sentido de vida -

Unimos treinta radios y los llamamos rueda,
pero es en el vacío donde ésta cobra utilidad.
Elaboramos una vasija de arcilla,
pero es en el espacio vacío donde tiene sentido el
recipiente.
Construimos una casa con puertas y ventanas,
y son estos agujeros
los que nos permiten habitar el vacío
que ésta nos ofrece.
Los seres humanos le damos importancia a lo que es
y deberíamos darnos cuenta de lo que no es.

Tao Teching
Libro de la Sabiduría China

Todos decimos no creer en espíritus, pero a todos nos espantan por igual. *La soledad, la angustia y el temor,* son tres fantasmas que rondan la existencia cotidiana de día y de noche. Tres sombras habitando una casa tantas veces vacía y abandonada. Lo dramático no es que nos sorprendan, desde dentro, sino también afuera, en la calle, en la fiesta, leyendo o descansando.

Que asalten la conciencia, que perturben hasta generar desazón, no es el problema que ahora nos inquieta; finalmente, las mejores películas de suspenso y terror generan un gran atractivo en el público, no tanto por masoquismo, sino porque inconscientemente facilitan la elaboración de mecanismos contra fóbicos. La única manera de vencer el vértigo y el pánico —terapéuticamente hablando—, consiste en vivenciarlos en carne propia.

El problema finalmente radica en ser poseídos. Al encarnarlos en nosotros mismos, se desvanece la creencia que tenemos de ellos. No están ahí afuera, están ahí adentro invadiendo la propia existencia. Soy *como* una sombra bruja, o mejor: *Yo soy ese fantasma que se asusta a sí mismo.* Ante ese profundo vacío interior, sientes terror y no te queda otro remedio: huir, escapar de ti mismo, de ti misma. Buscar seguridad, buscar subterfugios.

Aún permanecemos con temores atávicos, ancestrales. En algunas comunidades tribales africanas, se tenía la costumbre de embadurnar todo el cuerpo de blanco si se era de tez morena o de negro si se tuviese tez blanca, a la hora de ir a velar a los muertos. Se creía que el alma del difunto se quedaba al acecho esperando poseer a la primera persona que encontrase. Para que esto no ocurriera y buscando preservar la identidad, se iban disfrazados; así nació el luto, que hoy nada tiene que ver con esta curiosa y no menos hermosa tradición, era pues el carnaval de la autenticidad: *Vengo aquí para llorarte, no para que me poseas. Yo soy yo, tú eres tú. Aunque lamento mucho lo que te pasó.*

Ese mismo temor y pánico lo sintieron los legionarios romanos cuando llegaron a la rica región de Galicia al norte de España. Los gallegos, tenían una creencia según la cual, los que cruzaran la otra orilla del río, llegaban sin saber quiénes eran, y nunca osaron atravesarlo. Los romanos fueron un imperio valeroso y no menos corrupto, pero su heroísmo se detuvo ante su alma profundamente hechicera y temerosa. Claro, que una vez más, la relectura de esta circunstancia, resulta curiosamente atractiva: *Señores, hasta aquí llegamos, nuestra avaricia no es tanta que nos lleve a perder nuestra identidad*. Eran bárbaros indudablemente, pero no estaban tan locos como presumimos.

Pero no nos vamos tan lejos. Vivimos en un mundo de fantasmas, altamente enfermo y desajustado. La corrupción, la violencia, la pérdida del sentido y del valor de la vida, la agresividad, la intolerancia, el desajuste social, son los gritos de una sociedad que se hunde en el abismo. Ya tocamos fondo, dicen algunos… suena gracioso, existen abismos sin fondo.

¿Cómo reencontrar nuestra esencia perdida?, ¿con cuáles ladrillos podemos comenzar esta reconstrucción de la vida?, ¿cuáles son los retos de cara al sin sentido y el profundo vacío existencial de las nuevas generaciones?, ¿cómo superar nuestros propios estados depresivos, para revestirnos y asumir nuestro rol de ingenieros, maestros y artesanos del más complejo, grandioso y singular de todos los sueños?: Vivir a plenitud. **Volvamos atrás, regresemos al punto de partida**. Nos equivocamos todos por igual y no tiene sentido esperar a que nadie lidere esto… aún hay tiempo.

No hay nadie pues que pueda rescatarnos. "¿No sé para qué me tendrá Dios?", me dijo una chica rayando los 21 años. Me quedé sorprendido con la pregunta y mirándola fijamente al fondo de su angustia, le respondí: "Mujer, Dios no te tiene para nada. No tiene ningún plan para ti". Sé que no me entendió y muy probablemente se le profundizó el vacío interior.

Una respuesta vacía de contenido, lleva de hecho a dos posibilidades no contrapuestas: A no entender, agrandándose el absurdo y por ende la incertidumbre y a reelaborar la pregunta misma. No sabemos indagar, hemos perdido la capacidad crítica y asumimos todo como verdad. Por tanto es preciso devolver las preguntas cargándolas de sentido, de silencio, de vacío. Al respecto dice Albert Einstein, *"Los problemas no serán resueltos por la misma cabeza que los creo"*. Como quien dice, hay que cambiar la cabeza para pensar al revés. En efecto, el mismo Albert Einstein cuenta como tenía un gran problema por resolver, el momento más grande de su vida, fue cuando se despertó con una pregunta diferente, que lo incitó a pensar de otro modo: ¿cómo se vería el mundo si estuviera viajando a la velocidad de la luz? Ahora, dime mujer: ¿Qué tienes tú para ti misma y para los demás? Dios ya obró el milagro: ¡Tú! Jesús, dio la respuesta: Entrega total, amor sin límites, vivirlo con pasión, hasta las últimas consecuencias por una causa justa. Tú misma tienes la respuesta, no busques afuera la verdad que tienes adentro. La vida es un libro abierto de posibilidades.

Si en este preciso instante orientara mi vida hacia otra profesión, partiera hacia otro país, cambiara mi estilo de vida, o alterara mi vida afectiva, no se cambiaría mi esencia, a menos que me traicionara a mí mismo. "La gloria de Dios es que el hombre viva", proclamaba san Ireneo. Pero que viva, tanto como que el pan llegue a todas las mesas. Y que cada uno se erija en artífice de su propia existencia y se haga responsable de sus propias decisiones, actuando en coherencia con sus principios internos. La vida plena en Jesucristo es una propuesta de felicidad, de apertura y servicio. Esa es la dirección adecuada, y Dios la ha grabado con su propia mano en tu corazón. Como ves, las cosas esenciales son pocas, pero son sustanciales.

El Talmud, libro sagrado de los judíos, expresa exigentemente este llamado a la coherencia interna:

¿Si yo no soy para mí mismo, quién será para mí?
Si yo soy para mí solamente. ¿Quién soy yo?
Y si no ahora, ¿cuándo?

En la noche, cuando la habitación se queda absolutamente a oscuras, nos dejamos guiar por los muros, los muebles resultan un estorbo. Pero la casa no son las paredes. Eso mismo hacemos cuando evidenciamos la soledad. Nos aferramos a los demás. Llamamos la atención: "mírenme, aquí estoy, no dejen de hacerlo no sea que desaparezca", llenamos el vacío con ruido, con velocidad, con licor, con una desordenada actitud acumulativa. No olvides como aprendimos a caminar: de golpe en golpe, de tumbo en tumbo, y aquí estamos de pie, ¡Por Dios, cuánto cuesta aprender!

A todos nos pasa de alguna manera. Aprendemos a volar sólo levantándonos de nuestros propios golpes, crisis y frustraciones. Aprender a caminar, a volar, es un proceso doloroso, difícil. Es atreverse a soltar el muro. Lanzarse al vacío. Aprender a nadar, es abandonar el mundo de lo seguro, la tierra firme, para sumergirnos en un ambiente frágil, liviano, inseguro, inestable... y fantástico a la vez.

Pero tenemos miedo a la soledad, al desierto, a la intimidad. Temor de estar con nosotros mismos. El vacío es el único lugar posible en que se puede aprender, en el que se puede vivir. La angustia es el motor de la existencia, la soledad la realidad constitutiva y el temor, un excelente mecanismo que la preserva y dirige. Son alas para volar sobre el fango.

Caminar es divertido, pero cerrar los ojos, desconectar los sentidos y mirar hacia el interior, no resulta fácil. Usualmente nos volvemos no hacia nosotros mismos sino hacia el pasado, hacia el mismo lugar de dolor e insatisfacción y ese camino, sólo te regresa a un laberinto sin salida. ¡Abandónalo de inmediato! Mira hacia el mañana, hacia lo que no eres aún, hacia nuevas metas y recuerda: *sólo tenemos futuro. ¡Somos futuro!*

El vacío es el no-apego, la no-posesividad. Lo que está conmigo y a mi lado es prestado. No protejas tus ideas, tus sentimientos, tus posesiones. No congeles nada. No dogmatices nada. Deja que todo fluya, permanece en estado de suprema alerta, toma el control de todo pero no te cuadricules, no te tomes tan en serio, desdramatiza, no te ates a ideologías, ni a instituciones, ni a personas, y mucho menos a las cosas. Goza los sentidos pero intégralos. No hagas de tu trabajo un fin. Despréndete del qué dirán. Abandona ya el pasado, los sentimientos de compasión, la tristeza y finalmente atrévete a romper con los paradigmas culturales que te impiden humanizarte, aceptar las diferencias, acoger la diversidad, bendecir todas las formas y maneras con que Dios ha enriquecido al hombre y la mujer.

Cuando un niño se cae al suelo, tiene dos posibilidades: Reír o llorar. Si un adulto neurótico consigue hacerlo sentir mal, se siente culpable y llora. Si por el contrario lo contempla desde la barrera, y el adulto ríe, mientras comenta: ¡Vale!, eres fuerte y yo también me caigo y me

81

tropiezo, la reacción será positiva, producirá risa. Ella nos prepara para enfrentar el miedo, el que dirán.

No pierdas el niño, la niña, que llevas dentro, pero abandona el comportamiento inmaduro. Son dos cosas distintas. Si una persona no supera el carácter infantil llegaría a comportarse como un criminal o como un psicópata. Un niño menor de tres años tiene emoción desbordante y razón limitada, es insociable, egoísta, terco, intolerante, destructor, sin conciencia moral, a merced de las satisfacciones inmediatas y de sus propias necesidades, sin importarle el bienestar de los demás. Un bebé no acepta la frustración. Un niño es una semilla abriéndose a la madurez.

Y tú que ya estás trepando la montaña del la madurez en el espíritu, ten presente esto: Te obsequiaron el tiquete para el banquete de la vida, no lo refundas, no lo cambies, no lo negocies. No todo es gratis. Debes pagar un alto precio: El vacío está contigo. *"El vacío es el principio y la forma de todas las cosas"*, Krishnamurti. Todos los místicos de todos los tiempos, todas las religiones y escuelas del desarrollo del ser interior, así lo han comprendido. Somos seres ahuecados, rotos, nuestro problema es tratar de tapar, ocultar o disimular esta profunda realidad existencial. La próxima vez que tengas en tus manos un vaso con agua, tienes tres posibilidades: Tomarte el agua y botar el vaso. O desechar el vaso y el agua o finalmente llevar siempre contigo el vaso, para poder beber cada vez que así lo desees y de eso se trata.

El vacío es el camino. Es la superación del deseo, la liberación de todas las ataduras según Siddharta Gautama en el budismo. Es la noche del espíritu, la nada desnuda en san Juan de la Cruz, la pobreza absoluta de san Francisco. El desapego inspirado en el sufismo del gran maestro, sacerdote y psiquiatra Anthony de Mello. La compasión por los cuerpos desechos y abandonados de santa Teresa de Calcuta. Pero, la kénosis de Jesús, esto es: su renuncia voluntaria a la divinidad aceptando humildemente el estado humano en la encarnación es sencillamente hermosa, singular, sin igual.

Pero este es un lenguaje incomprensible en la cultura occidental: fragmentada, con rasgos esquizoides, individualista, extrovertida, dicharachera, superficial, posesiva, ruidosa, artificial, centrada en el No-Yo, buscadora de seguridades. Indudablemente no todo es negativo… pero el propósito ahora es pasarla por el colador de lo esencial. Aprendiste a caminar… bueno aprende ahora a volar. El vacío es posibilidad, no-carencia. Oportunidad, no-prisión. Libertad, no-fijación. Es amplitud, espacio, creatividad, profundidad, realidad, presencia, posibilidad. Regresa, vuelve a tu casa y habítala.

"Acercaos al borde", les dijo. *"Tenemos miedo"*, respondieron. *"Acercaos al borde", les dijo*. Se acercaron. Él los empujó y salieron volando.

Diálogo de los enigmas
con la hija de Buzo.

- Sentido de vida -

Cuando no sabes para dónde vas,
siempre, casi siempre,
llegas a donde no quieres.

Jorge I. Gallo

Inocencia (I): Quiero dialogar contigo, abrir mi existencia, decirte todo acerca de mi vida y ni siquiera sé cómo empezar.

Ella (E): ¿Quién eres tú? (Acerca de "Ella" ver nota al final del capítulo).

I: Disculpa, no me he presentado aún, me llamo Inocencia.

E: Gracias. Pero tu nombre me dice mucho y no me dice nada. Dime: ¿Quién eres tú?

I: He visto como caen los moscos en la trampa de la araña. Creo saber quién soy, pero estoy en manos de otros. No sé quién soy. Casi todos deciden por mí, quisiera comenzar a ser yo. Legítimamente yo. Todo mi ser se siente profundamente confundido. No soy lo que pienso que soy y quiero ser... Me desconozco. Hay un abismo entre lo que soy realmente, y mi manera de actuar tantas veces en contravía de aquello que debo hacer. ¿Qué puedo esperar?

E: ¡Conócete a ti misma!

I: El conocimiento de sí mismo, ¿es fácil o difícil? Laberinto sin salida, o ¿ilusión de libertad?

E: Es fácil, muy fácil. Pero exige una altísima coherencia, porque el conocimiento legítimo conduce a la verdad y a la transformación interior. El conocimiento profundo de sí mismo es el arquitecto invisible de la identidad.

I: Pero, ¿cuánto tiempo llevará conocerme?

E: No sé cómo interpretar tu pregunta, si tonta o angelical. ¡Cómo te acorrala el espacio y te oprime la temporalidad! ¿Has ido al mar? ¿Estuviste alguna vez en un lago, en un río? Bueno, del mar, del lago, del río, conoces tan sólo una orilla y una parte de su piel. Necesitas poco, muy poco tiempo para conocerte, y una eternidad para desarrollar tus infinitas posibilidades. Es preciso sumergirse en el agua.

I: Comprendo. Es un acto de introspección. De autoconocimiento.

E: Sí. Pero también no. La vida no da espera. Más que un acto, es una actitud. Adéntrate en el más fantástico de los universos: tu yo profundo. Conócete. Regálate tiempo para estar contigo a solas. Para darle sorpresas al mundo, para inventar nuevas formas y posibilidades, para renovarte constantemente, para renacer a cada instante. En tu vida interior reside la felicidad.

I: ¿Y qué es la felicidad?

E: Es como una mariposa; si la sigues, ella continúa su vuelo cerca, siempre cerca de ti... sin dejarse atrapar, sin huir tampoco. Es un estado del ser. Una sensación de totalidad, de apertura y aceptación de la vida, una peculiar manera de relacionarte con los demás y de vivenciar el encanto de las experiencias cotidianas, disfrutándolas.

Tenemos que aprender a gozarnos la vida, lo cercano, lo cotidiano, lo simple, lo desapercibido, cada una de nuestras vivencias, cada cosa que hacemos. Debes haber vivido en alguna ocasión un día de tormenta, entre rayos y relámpagos. Casi todos sienten horror, pánico. Pero, ¡qué alegría cósmica! ¡qué locura de la naturaleza! ¡qué fiesta sin igual! Es la más hermosa sensación del poder de la misma. Un domingo lluvioso resulta aburrido y dramático para casi todos los seres humanos. Disfrútalo. Todo aquello que se opone a la realización de nuestros más fervientes deseos representa para nosotros un nuevo punto de vista, una nueva mirada, una nueva oportunidad de recrearnos, nos convoca a la creatividad y nos reta a la transformación. Así es la felicidad. Las personas, las cosas y las experiencias, están ahí. Ahora todo depende de cómo tú las disfrutes y aproveches.

I: Soy muy joven aún, estoy al vaivén de mi alterada química y mis cambiantes ritmos y no logro la paz, la armonía interior, la madurez.

E: Todos viven esperando la madurez como un milagro que regalará el cielo. La madurez no es un punto de llegada, ni un punto de partida. Es una actitud de permanente cambio y transformación interior. Es madura la semilla, porque en esencia es germen. Estás llamada a la madurez, es preciso darle forma y expresión a tu mundo interior. Así también tú. No da frutos un árbol que no ha recibido el cuidado debido.

I: Entonces quieres decir que...

E: Primero escucha y después piensa, aún no he acabado. La madurez no es un reloj activando su alarma al amanecer. Es un producto agregado, una ganancia adquirida. Sobredimensionas la adolescencia. Y si ya no lo eres, entonces, tus circunstancias y tu propia realidad conflictiva. No quites las espinas de las rosas, porque perderían su atractivo. Hoy mismo puedes empezar a ser feliz. Regresa a casa... devolverse un paso en verdad es volverse dos. Piénsalo...

I: Pero...

E: Los peros son piedras en el camino, pero puedes saltar sobre ellas. Sueñas con la felicidad, como soñar con la muerte, un reino de vacía paz, sin conflictos, sin angustias; un paraíso, aunque todos los falsos paraísos, desde el mítico Edén, hasta la atractiva promesa de un mundo de satisfacciones sin esfuerzo, sin compromiso, están condenados al fracaso.

I: Sí, comprendo, pero tengo temor... No sabría qué hacer entonces.

E: Tienes temor, porque no tienes poder, o lo tienes cautivo, prisionero. Te atrincheras en tu propio temor, habitas en un útero sin emociones. No te amas. El amor es poder. Un poder tan grande, que puede liberarte de toda limitación, de todo falso deseo. Conocerse es transformarse. Esto supone coraje, exige voluntad, un ardiente deseo de ser legítimamente uno, y una exagerada disposición para rechazar la conformidad y la apatía.

I: Me siento completamente sola, abandonada en un planeta solitario y aburrido.

E: Y sin embargo, la aceptación de tu soledad, es tu única salvación. No huyas del temor, no te escondas de la soledad, son tus compañeros de viaje. Pero un sano temor que te alerte frente al peligro, sin detenerte, sin bloquearte. Y una soledad-intimidad, reducto último de tu ser.

I: Querías entonces decir que... ¿Conocerse es atreverse?

E: Ciertamente eso, y aún mucho más de lo que ahora comprendes. Gastas mucho tiempo en preguntas. La respuesta, está adentro y fuera de ti: Vivimos para servir. Conocernos, es atrevernos a desarrollar todo el caudal de nuestras posibilidades y vivir para los demás.

I: ¿Nos volveremos a encontrar?

E: Me extraña tu pregunta. Siempre hemos estado cercanos, siempre te he estado acompañando, pero permaneces dormida.

I: Gracias. Caminaré hacia mi estrella, creo que empiezo a entender.

E: Aún no has entendido lo más importante: Lo que no hagas ahora, jamás lo tendrás, recuerda: ¡la vida verdadera es el despertar de un profundo sueño! La vida es conciencia.

Nota: En la tragedia griega, se acudía al Oráculo de Delfos, como al templo de la verdad y el conocimiento, en tanto los romanos, tenían en la hija de Buzo, una prodigiosa mujer de carne y hueso que trascendió los anales de la historia por su sabiduría y lucidez. De ella no sabemos nada, no dejó escrito alguno. Pero a "Ella" y a todos los que buscan la sabiduría les dedicamos estas líneas.

La vida
vale la pena vivirla.

- Sentido de vida -

La vida es aquello que nos pasa,
mientras estamos ocupados en otras cosas.

Jhon Lenon.

Una única cosa me preocupa de cara al horizonte último de la existencia: encontrar tantas vidas carentes de sentido, navegando sin brújula en un mar de lamentaciones.

En todo drama humano grave o no: el suicidio, el alcoholismo, la drogadicción, la pérdida profunda, se manifiesta por igual la apatía, la falta de entusiasmo, el vacío existencial. Y esta actitud es un visible faro en un océano tormentoso, indicando una zona de peligro.

"Mi vida ya no tiene sentido". "He perdido el entusiasmo por la vida". "La verdad, no sé para qué vivo". Son frases que escuchamos a diario y que muchas veces no necesitan ser pronunciadas; basta con observar los comportamientos enfermizos de tantos adolescentes, jóvenes y adultos a nuestro alrededor, muy posiblemente, el ambiente vivido hasta el presente los ha llevado a ese abismo. No es que no tenga sentido la vida, es que tal vez nunca te has tomado en serio para hacerlo realidad. Tenemos a nuestro lado muchos ejemplos de soluciones fallidas, de vidas abortadas, que sin embargo tuvieron todo en sus manos. Pero un suicida, un adicto, son personas que encuentran muros invisibles y se tropiezan con ellos. ¿Y qué es el sentido?

El sentido, es más una dirección en la que se camina, que un lugar al que se llega, y hace relación con el ser más que con el tener. Es más una actitud existencial que este relativo presente.

El sentido integra la frustración y el vacío de la existencia como factores constitutivos de la vida misma. No aceptar el error, la pérdida, y finalmente la frustración, es comportarse como un suicida potencial. Sólo una persona que ha renunciado a hacerse responsable de sí misma, puede vivir de espaldas. *"¿Vivir o no vivir?, es una pregunta válida sólo para un feto. Vivir bien o no, lo es de un adulto".* -Fernando Savater. *Ética para amador*-.

Una vida llena de sentido nunca se cierra, está siempre aprendiendo, integrando, dándole cabida a la esperanza. Pero hay gente que se le acaba la esperanza, porque ha perdido la ilusión de vivir. Y digo de vivir, que es tanto como si sugiriese que el fundamento primero de todo ser es la auto integración interior, la adecuación con los principios internos, actuando como un ser único, distinto, autónomo.

Por supuesto esta integración conlleva la satisfacción de lo que los grandes maestros humanistas hablaron sobre las motivaciones del ser humano: Freud, Maslow, Adler, Allport, Rogers y especialmente Víctor Frankl. Pero también las más sólidas columnas de la espiritualidad y del humanismo han apuntado en la misma dirección: Jesucristo, santo Tomás de Aquino, san Francisco de Asís, san Juan de la Cruz, santa Teresa de Jesús, S Agustín, Mahatma Gandhi. Krishnamurti, Nuestra esencia constitutiva y última apunta a la trascendencia, ésta es la más hermosa compañera del sentido de sí mismo y de la vida.

La vida se cierra, cuando apunta su centro hacia un narcisismo maligno, manifestado en la propia satisfacción de necesidades personales. La trascendencia es el marco que le da fundamento y dirección a nuestra existencia. Por eso, quien ha sido capaz de adentrarse en la hondura del sentido de la vida, llena su existencia a través de la solidaridad, la entrega a una causa noble, al crecimiento interior, de su familia y del grupo, se preocupa por la autosuperación más allá de una visión intimista y entra en contacto y relación con la "*causa sin causa de todas las causas*": Dios.

La autorrealización es la satisfacción que queda como premio de estar viviendo, día a día, el sentido y significado que le damos a la propia existencia. Por eso, por mucho más, la vida vale la pena vivirla pese a las condiciones, pese a las circunstancias, también este presente con todas sus cuitas, pasará. Y sea lo que sea la vida seguirá siendo eternamente bella y digna de vivirse.

El manantial
del perdón.

- Perdón -

No juzgues y no serás juzgado.

Mateo 7,1

Quizás no exista una experiencia tan rotundamente envolvente, saludable y sanadora como la posibilidad de recibir y expresar *perdón*. Sin embargo, para poder acceder a una nueva comprensión de esta gratificante experiencia, es preciso antes que todo romper con los viejos esquemas en que fuimos ambientados, un cambio absoluto de mentalidad, de paradigma.

La verdad, acostumbramos comportarnos de cara al perdón con actitud arrogante, enredados por completo en posiciones de orgullo intransigente y dramatizando novelones con complejo de víctimas: *"Miren aquí está alguien que ha sido objeto de la más grave vejación y humillación, pero yo tengo orgullo y me sobra dignidad...". "Que venga, que se arrodille a mis pies y me implore perdón"*. Y así, como cualquier insulsa película inspirada en los carteles de la mafia, con un argumento monótono, carente de todo sentido de ética e inspiración artística, todo se resume en un saldo de cuentas entre buenos y malos, víctimas y victimarios.

Nuestros perdones, terminan siendo una caricatura de mal gusto. La proclamación de la victoria, por encima del adversario: *"Mira desgraciado, ves que yo tenía la razón..."*. Por esa insana pasión de ganancia y prepotencia, es por lo que el perdón concebido bajo esta argumentación, no pasa de ser una aventajada manera de acrecentar el orgullo y mantener el odio: *"Yo perdono pero no olvido"*. Es la regla de oro en el ambiente. Es verdad que nada se olvida en la memoria, pero si podemos aprender a recordar sin rencor.

Perdonar o negarse a hacerlo desde un esquema así, resulta desde todo punto de vista ventajoso, cómodo, pero también y desde la otra cara del asunto humillante e inhumano. Si te perdono, estoy confirmando mi superioridad al concederte mi indulgencia y para que se reconozca en las redes sociales que yo había sido víctima de tu maltrato y de tu insensatez.

Pero ese camino sólo nos conducirá hacia el abismo. La lógica del Evangelio es otra y rompe de lleno con el paradigma: *"El que no haya pecado, que tire la primera piedra"* (Jn 8, 7). Cuando mutuamente nos perdonamos y mucho más extraordinario aún, cuando yo te perdono, a pesar de tu propio infierno que me niega la posibilidad de restaurar nuestra amistad, toda mi conciencia, todo mi ser, se eleva por encima del dolor, para que la luz divina atraviese todos y cada uno de mis poros, de mis células vitales. Y entonces desde la cima más alta de la montaña, pleno de una profunda paz y armonía interior, ya no puedo seguir contemplando los árboles, sino el bosque, ya no tu limitación sino la de todos. Cada uno a su manera.

Creerse mejor o superior que los otros, es cubrir con un manto diabólico la propia herida abierta y desnuda. La limitación y el conflicto, nos envuelven por igual, por eso mismo hacen parte de una firme y potente cadena que une sus eslabones, para condenar en la misma cruz al ofensor y al ofendido.

La palabra pecado en hebreo se dice *"chata"* y en griego *"hamantia"* y significa: estar separado de Dios. Tiene a todas vistas un sentido más profundo que el de transgredir una norma. Esa separación genera una sensación de desprotección, y conlleva a experimentar temor y abandono.

Separarse de Dios, es habitar en la sombra. Dios es luz. Negarnos a perdonar y a pedir perdón es mantenernos en la oscuridad, es como caminar en la sombra por un camino desconocido con la angustia de ser sorprendido por los hijos de la maldad. Es por lo mismo la incapacidad de ver al otro. Suena trágico, pero es real: mientras no perdones y olvides, permanecerás atado nocivamente al ofensor y estarás en guerra contigo mismo y con tus pesadillas nocturnas.

La atadura es pérdida de libertad en todos los sentidos, es una privación que conduce inexorablemente a la desintegración, a la carencia de armonía, de paz, de serenidad. Resulta ilustrativa al respecto la historia de un ex-convicto de un campo de concentración nazi que fue a visitar a un amigo que había compartido con él tan penosa experiencia:

— *¿Has olvidado a los nazis?* — Le preguntó a su amigo.

— *Sí.* — Contestó.

— *Pues yo no, aún sigo odiándolos, con toda mi alma.*

— *Entonces,* —respondió el ex-convicto, —*aún te tienen prisionero.*

Y es que la ofensa es circunstancial, en tanto que el rencor es eterno. El ultraje es parcial; el odio, una guerra interior. No es posible perdonar a tu hermano, si antes no te perdonas a ti mismo.

Te asusta la violencia que existe a tu alrededor, pero tú mismo permaneces en guerra, con todo lo externo y contigo también. Es preciso, por lo tanto, romperse por dentro. Reventar la armadura interior que te impide sentirte humano. Destruye el dique de tu inmenso lago de rencor contenido por meses, por años, por décadas. Ese es tu desafío. No es empresa fácil. Jesús te da la fuerza necesaria para comenzar.

Vamos, empieza por bajar la guardia, que Dios es un ser todopoderoso, y te regala esta nueva oportunidad. Más y mejor aún, Dios es compasivo y misericordioso, y esa es justamente la propuesta cristiana. La misericordia es una de las mas hermosas palabras castellanas, viene de la raíz "miseria", no es una palabra despreciativa, sino que expresa lo que justamente somos nosotros, esto es: *polvo.* Eso somos: polvo de estrellas, seres creados, no somos dioses.

Este crudo realismo de barro y limitación nos permite comprender que detrás del ofensor, existen complejas situaciones de dolor, traumas, carencias afectivas, desajustes emocionales, violaciones, maltrato, abandonos y pobrezas. Quizás nada de esto justifique su actuar, pero sí te permite comprender la prisión en que infortunadamente habita. Todo un complejo historial de problemas, que lo llevan a asumir una condición enfermiza.

Por eso, por mucho más, todo legítimo acto de perdón comienza por verte a ti mismo desnudo en una luminosa habitación forrada con espejos. Llega el momento en que estos te harán preguntas hondas, inquietantes, sobre tu propia naturaleza también frágil y en pecado.

Romper cadenas no es fácil, duele. Pero el dolor muchas veces está al servicio de la vida. Atrévete a perdonar y no te quedes masoquistamente ahí sentado revolcándote en tu pena. Rompe tu orgullo y atrévete a pronunciar de corazón la más sublime y restauradora de todas las palabras: *¡Perdóname! ¡Te perdono de corazón!*

Un perdón sin olvido es como una cáscara de huevo vacía y hueca por dentro. Puro formalismo. Una herida eternamente supurando rencor. Observa lo que ocurre con frecuencia: *Dos maridos hablaban de sus respectivas esposas. Uno de ellos dijo que cuando él y su mujer discutían, ella se ponía histórica. —Querrás decir histérica—. No, histórica, siempre me saca a relucir todo el pasado.* Por eso, **todo acto de perdón implica romper definitivamente con lo que sucedió en otro momento,** con las enfermizas ideas que te siguen torturando ahora y que te impiden gozar del presente.

El resentido es un ser enfermo que no ha logrado perdonarse a sí mismo. Al respecto existe un hermoso refrán oriental, atribuido a Alí Ben Abí Taleb, que expresa: *"Quien tiene mil amigos, no puede prescindir de ninguno, pero el que tiene un solo enemigo, lo encuentra por todas partes".* Nadie te pide que tengas a todos como amigos, pero sí te hará muchísimo daño el resto de tu vida el tener enemigos.

Esta experiencia sanadora y liberadora precisa de una dimensión profundamente espiritual. Abre toda la hondura de tu ser a la acción de Dios. La oración tiene ese mágico poder de humildad, reconocimiento y energía vital que necesitas. Ora por los que te han ofendido, obsérvalos mentalmente como seres necesitados de perdón. Piénsalo muy bien; cuando permaneces con actitud rencorosa hacia los demás, estás recitando el padrenuestro al revés: *Padre mío, que amas a los Pérez, que detestas a los López...* Y bien puedes entonces concluirlo: *Desgraciado sea mi nombre pues obro conforme a mi voluntad y no a la tuya.*

Es hora de aprender, de volar por encima del pantano sin quedarse en el fango. *Maestro, ¿si me cayera al agua moriría?—* Pregunta el discípulo. *—No. —* Dice el maestro. *—Te ahogarías solamente si te quedaras adentro.* Lo más grave no es caerse, sino no levantarse. Cuando te fallen sé indulgente y perdona con humildad y generosidad y no abuses del perdón ajeno. Aprende a perdonarte a ti mismo también. Un sano realismo nos demuestra que cuando un vaso se rompe no siempre se puede recomponer. Quizás no volvamos al punto de partida, pero podemos aprender a no repetir los mismos errores. Comienza de nuevo, aprende de tus caídas. Y cambia todo odio por amor.

Cuando perdonas, tu barca ya cruzó a la otra orilla del manantial, y esa es la orilla de Dios.

El último
semáforo.

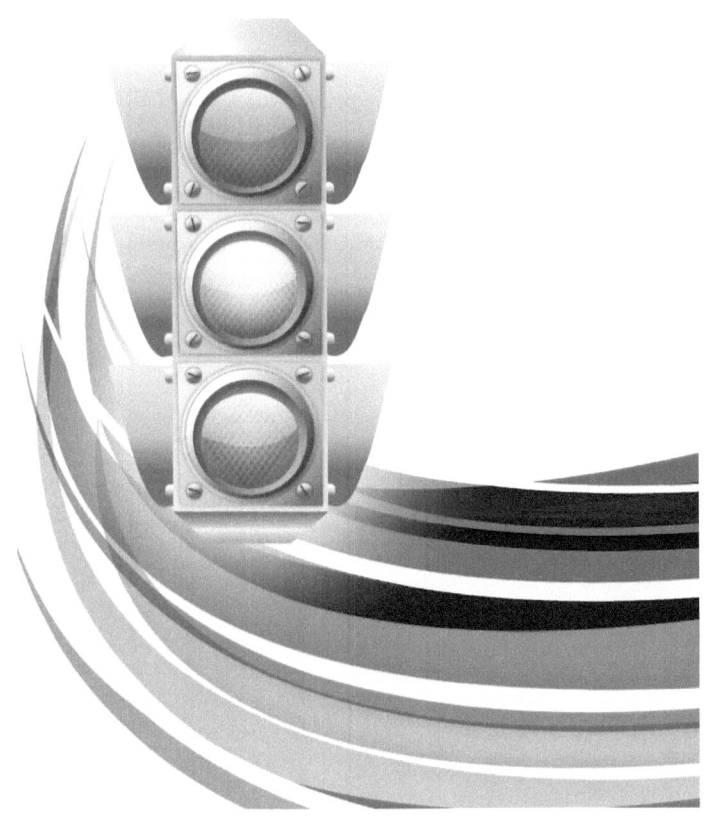

- Perdón -

Despierta tú que duermes,
levántate de entre los muertos
y la luz de cristo brillará sobre ti.

Efesios 5:14

Tienes la absoluta certeza de que hay situaciones irregulares en ti. Tú más que nadie sabes que necesitas urgentemente un cambio radical. Corres hacia un abismo. Tu vida es un caos, pero no paras, estás feliz revolcándote en el lodo. Y no detienes toda esa película de mal gusto, no sales de la cloaca, porque no te amas. No lo haces, porque no tienes poder, te falta coraje. En el fondo eres un niño, una niña carente de voluntad y a merced de tus propios instintos. Indudablemente un payaso representaría mejor el guión que tú.

Estás lejos de Dios, porque estás lejos de ti. Huyes, te escondes, te burlas de todo, pero en el fondo te ríes de ti mismo. Estás pisoteando tu propia dignidad de persona. Si no vas a tomarte en serio, con toda la radicalidad que exige un cambio definitivo de vida, un perdón auténtico, que te lleve a la transformación, entonces, ¿qué sentido tiene argumentar con un suicida que se ha lanzado por la ventana?

¿A qué juegas? Para qué te engañas a ti mismo, a ti misma, actuando de esa manera tan ridícula, llamando la atención de esa forma, echándole la culpa a tu familia, a tu cónyuge, a tu profesor, a tus amigos, a tu pasado, a tu historia personal. Estás resentido con todos, porque estás resentido contigo mismo. No eres feliz. Y si Dios hoy te tiende la mano es por el profundo e infinito amor que tiene por ti, porque has agotado todas las posibilidades y estás en el borde del abismo.

Debes comenzar por perdonarte a ti mismo, pero no tienes fuerzas para hacerlo. Tu voluntad está por el piso. Desperdiciaste todas las oportunidades que el misericordioso Dios de la vida puso a tu lado y con ellas, tu valioso tiempo, tu dinero, tu cuerpo; todo a cambio de sensaciones extrañas, de codicia, venganza, egoísmo, lujuria y tantas otras situaciones que sólo tú conoces y que resquebrajaron las columnas de tu ser. Pero también has causado mucho daño a otros, a seres indefensos y a la misma sociedad. ¡Ya no más! ¡Por Dios, ya no más! Puedes provocar el más grande de los milagros, justo en este momento… pero no te atreves porque recibes pequeñas gratificaciones que tú bien sabes son innecesarias y dañinas en tu vida.

Perdonar es un acto profundamente humano, radicalmente divino. La gracia, la fuerza, y el poder de Cristo resucitado te asisten en este momento para levantarte, para resucitar. Sin ellos tu esfuerzo será inútil y vano. Una vez te hayas perdonado a ti mismo, a ti misma, debes crear los mecanismos necesarios para enfrentar situaciones similares o parecidas. No te expongas innecesariamente. No corras riesgos. Rompe, corta de raíz, termina de una vez por todas con aquellas situaciones y relaciones con personas que te están destruyendo, que te están haciendo daño, y toma conciencia de lo difícil que resulta retomar el camino de regreso… Es justamente por esto, que tu cambio tiene que ser radical, sin componendas, sin trampas, sin auto engaños.

Ya que te atreves y te retas a hacerlo, debes purificar todo tu cuerpo y tu mente. Es un proceso que debe ser acompañado con experiencias que te permitan alimentar positivamente tu espíritu. La oración será tu fuerza, el cambio radical de vida tu salvación. Y ahora que has salido del atolladero, Cristo, te envía como ángel protector y salvador para muchos. Ahí están a tu lado, su mano te unge para que vayas a sanar las heridas de tantos otros Cristos rotos y desechos que necesitan ser reconstruidos y sanados para la gloria de Dios.

Comprométete con su obra, pero hazlo dando lo mejor de ti, no a migajas, no de mal gusto. Todo o nada. No temas, te asiste todo el poder de Jesucristo. Levántate de tu existencia caída, purifícate, ve y haz milagros en su nombre.

Yo le perdono
a Dios.

- Perdón -

*Perdonar es abrir las puertas del infierno
en el que moran tú y tus enemigos.*

Jorge I. Gallo

" " *...Aquel día todos los sentimientos se me entrelazaron provocando un nudo en mi garganta; quería gritar, pero no podía, correr, pero no tenía el ánimo suficiente, esconderme de todos y de mí misma. ¿Qué sentido tenía la vida? Sólo a mí me podían pasar cosas así. Subí a mi habitación, cogí el crucifijo y lo estrellé contra el piso, mientras pensaba no poder resistir más, sentía rabia y una decepción tan profunda que las lágrimas rodaron una tras otra".*

Todo el auditorio seguía atentamente cada palabra y el ritmo de su voz, a la par de su respiración entrecortada y profunda. Como si por arte de magia, la mayoría de los presentes se hubieran identificado con sus palabras.

"Minutos después, salí de mi cuarto y subí a la terraza. "¿Por qué Dios lo permitiste?" – le pregunté. Pero a Él, parecía no importarle mucho. "Me lo has quitado todo, mi hijo, mi bebé con tan sólo tres meses de haber nacido. No puede ser. ¿Dónde está mi padre? ¿por qué nos abandonó? Soy una mujer sola, tirada a su suerte, olvidada de todos".

Ángela, ahora con su cuerpo tenso y las mejillas humedecidas en lágrimas, continuó desde el escenario diciendo:

"Me sentía en un infierno. Uno tras otro, todos los pensamientos se arremolinaban en mi cabeza. Quería huir, acabar de una vez con todo esto y, de repente, salí corriendo por la terraza del edificio de seis pisos hacia el abismo, pero una fuerza incontenible me detuvo a tan sólo dos metros del borde, y me eché a llorar amargamente y allí permanecí durante no sé cuántas horas".

Ángela revivía de nuevo aquellos dramáticos instantes y después de un silencio profundo, volvió a retomar el micrófono para gritarle a todo el público: *"¡Mi vida es importante! ¡Sus vidas son importantes! Yo estaba enceguecida y enemistada con Dios durante todos estos años, y hoy puedo decir con resignación: ¡Dios mío yo te perdono!".*

Aquel domingo salí del auditorio doblemente preocupado. Por un lado, Ángela, era una estrella más de esas que quedan brillando en este mundo, para dar razones de vida, mientras tantas otras se desmoronan por el borde de la terraza. ¿Por qué no se dieron una posibilidad diferente? ¿por qué terminar así? Y lloré amargamente. Había acompañado tantas vidas de jóvenes y adultos al borde del desespero y del suicidio y había asistido tantas otras a la despedida de seres que quedaron atrapados en depresiones profundas. De las que nunca salieron, que me partían el alma.

Pero también, pensaba que en el fondo seguimos siendo absolutamente hechiceros y fetichistas: No es que la gente sea atea, su dios es demasiado cercano e íntimo a la vez, pero tienen una imagen desdibujada producto del sufrimiento. El problema de fe de muchos se orienta por la creencia en un dios sádico. Un dios gris, ajeno al dolor y al drama humano. Un Dios de comedia, asumiendo roles de diablo y de ángel a la vez. Un Dios negociante: te daré esto si me das aquello; un dios de ruleta y horóscopo, jugando a los dados la suerte de cada uno de sus hijos.

Ángela, me hago doliente de tu dolor. Con amor te digo: No sé cuales sean tus motivos, ni tus razones, para perdonarle a Dios nada. Y sin embargo también, no podemos negar que todos en algún momento estrellamos nuestra existencia contra Dios, cuando todas las explicaciones superan nuestro marco lógico.

Dios es un ser de amor total, un Dios jugándose la vida, un Dios que llora y que sufre el dolor de sus hijos, de infinita misericordia y compasión y a la vez tierno, jovial, cercano. Un Dios que nos ha regalado la libertad y se ha metido en el juego haciéndose Él mismo una promesa propia de un ser divino: "Respetaré la libertad del hombre, por encima de mis deseos". Culpar a la vida, a los demás o a Dios de lo que nos pasa a nosotros, no deja de ser un acto de absoluta irresponsabilidad existencial. Es por lo mismo un acto neurótico por excelencia. No, tú no eres víctima de nada ni de nadie. El luminoso mito de Adán y Eva expresa eso justamente: un Adán neurótico y reactivo que considera a Eva como la promotora del caos con su abominable ambición, y él, una personita maravillosa, ingenua y tonta en un paraíso infantil.

Todo este artilugio cobra fuerza. Por todos los ambientes se extienden grupos satánicos y fanáticos —adoradores de la muerte-, que son un caldo de cultivo para adolescentes dispuestos a vengar todo el odio acumulado en su infancia contra la familia y la sociedad; jovencitos dispuestos a la gran aventura de ganarse un sida y a ser violados carnalmente por un desajustado impostor, que goza de atractivo porque manipula las conciencias entre quienes han renunciado a su propio poder creador y transformador.

Sigamos creyendo en brujos, expulsando demonios, deshaciendo hechicerías, y esa fe seguirá alimentando y orquestando sectas desajustadas de violencia y droga. La psicología y la neurología son ciencias de hace apenas un poco más de una centuria. En tiempos de Jesús, todo enfermo mental era tratado como un poseído, lamentablemente no tenían otra forma de explicar el asunto. No, el poder de Jesús no reside en expulsar demonios, sino en provocar integración y sanación interior.

¿Dónde está tu poder? Todos los que han alcanzado grandes metas pasaron por días nefastos e inciertos y estuvieron a punto de rendirse. Y tú no eres un ser inferior a ninguno de ellos, pero debes liberar tu propio poder cautivo. Fortalece la confianza en ti mismo, en el verdadero Dios de Jesús, en los demás. Hoy más que nunca es preciso creer contra toda desesperanza, en medio de los desajustes y desequilibrios que vive nuestro mundo y cada pueblo a su manera; urgimos gente dispuesta y con coraje para construir puentes de paz y espacios de luz.

No somos creyentes, porque a veces creemos en tantas cosas tan estúpidas, tan sin sentido, tan vacías, que terminamos renunciando a la responsabilidad de controlar y manejar nuestros actos y la misma historia: Si algo pasó es porque tenía que pasar. Si algo sucedió es porque así tenía que ser... y en este sentido son muchos los que creen que simplemente hacen lo que tenían que hacer pues existe un orden, un guión preestablecido, unos hilos invisibles que dirige un dios titiritero. Eso es renunciar a nuestra responsabilidad personal. Piénselo bien: si hubieras tomado una decisión diferente, entonces no hubiera pasado lo que pasó. El destino destruye la libertad humana. Muy por el contrario la fe en Dios se traduce en la fuerza de la justicia, en el poder de la voluntad, en la magia del pensamiento, en la valentía de la decisión y en los milagros del amor.

Alguna vez le escuché a un prestigioso teólogo, el Padre Baena en Bogotá, que si uno quería ser buen cristiano, debía comenzar por una experiencia de profundo ateísmo de cara a las creencias en que había sido educado, para encontrar el rostro humano del Dios de Jesús. ¡Qué elegancia de pensamiento!

Somos adoradores en un templo azufrado y enmohecido. Gran simpatía me despierta la historia sufista de un profeta muy querido por su pueblo, que a voz en grito desde la plaza pública dice a todos: *"¡Les voy a quemar el templo!"*. La gente se pone furiosa. Cómo se le ocurre hablar de esa manera contra el templo. A la semana siguiente renueva su intención diciéndoles: *"Les voy a quemar el templo y les voy a quemar su Dios"*. La gente le pregunta: *"¿Cómo así que va a acabar con la religión?"*. Y el profeta responde: *"No soy yo quien va a acabar con la religión. Son ustedes quienes están acabando con ella, porque ustedes encuentran a Dios en el templo y cuando salen, ya no lo reconocen en sus vidas y en sus semejantes"*.

Muy por el contrario, antes de perdonarle a nadie, debes comenzar por perdonarte a ti mismo, a ti misma, por no dar de ti, todo lo que puedes dar, por rendirte, por no saber perder, por amarrarte a las cosas y a las personas, por la fragilidad de tu fe. Libérate de tus deseos perversos. Reconquista tu poder. Y limpia tu mente de toda irracionalidad. Tú como yo, admiramos a muchas mujeres y hombres del común. No tenían nada de especial, lo único extraordinario era que tenían una fe a toda prueba, tantas veces, levantándose una y mil veces más de los fracasos y problemas.

A propósito, me seduce poderosamente la vida de Charles Chaplin, un humorista, actor de actores. Ni la pobreza extrema, ni la orfandad, ni los días aciagos menguaron su fe. Un teatrero con alma grande y sensible al dolor y el sufrimiento humano: *"Hay que tener fe. Fe en Dios y en uno mismo. Ahí reside el secreto del éxito. Yo estuve en el orfanato y recorría las calles buscando que comer. Incluso me consideraba el actor más grande del mundo. Me veía ya en los escenarios triunfando. Necesitaba ese entusiasmo que nace de la absoluta confianza en el propio ser. Sin ello uno está destinado al fracaso"*. Charles Chaplin, es un profeta de la vida: ***"Tenemos el poder para crear la felicidad… para*** *crear esa vida libre y espléndida… para hacer de esa vida una radiante aventura. Utilicemos ese poder.*

Ángela, no pude hablar contigo, pero me uno a ti y a todos los que pasan por crisis profundas en sus vidas, para esta plegaria de amor: Amoroso Dios de bondad y misericordia, razón y sentido de mi existencia, hoy vengo al templo de la vida con una flor en la mano y una mirada de arco iris en mi rostro. Vengo para decirte humildemente: *"perdóname Tú"*, hoy puedo comenzar de nuevo. Hoy vengo con una palabra de paz y perdón para todos los que me han causado daño en mi existencia. Con tu poder y mi poder, todo será posible, regálame ahora tu bendición y de mis manos brotarán manantiales de amor, compromiso, solidaridad, armonía y paz.

De la brujería
y el rumor

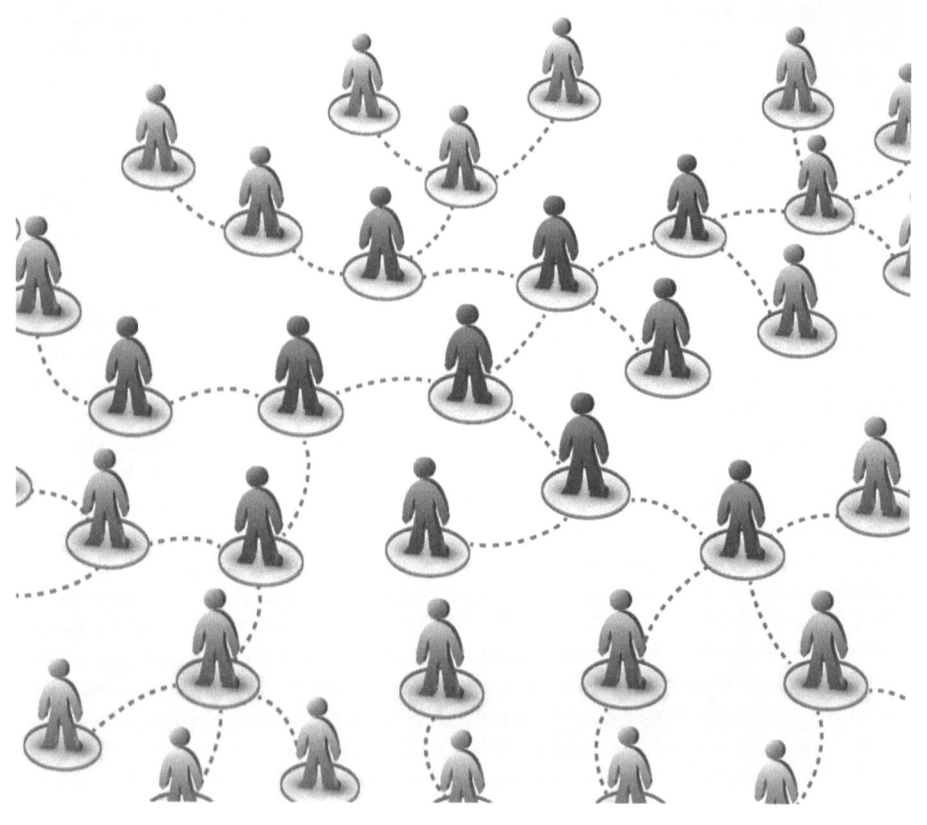

- Comunicación -

Si comprendes, las cosas con como son.
Si no comprendes, las cosas son como son

Proverbio Zen

A una exposición de arte, asistió una escrupulosa dama y al observar uno de los cuadros estableció una demanda por inmoralidad diciendo: —Señores: ¿cómo es posible que esa prostituta se esté desvistiendo en un burdel ante los ojos de su amante? ¡Y qué desfachatez la de esos niños mirando por la ventana!, ese cuadro deberían prohibirlo en una exposición tan prestigiosa.

El pintor, le respondió:

—Señora: Tenga cuidado con lo que dice y piensa. La mujer del cuadro es mi esposa, no me consta que sea ninguna prostituta, por el contrario, es toda una dama, además, por favor, mire bien la realidad y no sus propios prejuicios. Ella está terminando de vertirse mientras su hijo observa un partido de fútbol. Y no están en un burdel, sino en su propia casa. Ah, señora, no hay niños observando por una ventana, se trata de un retrato de sus pequeños hijos colgado en la pared.

Un problema de percepción ciertamente, alimentado por prejuicios culturales, que inducen a tergiversar la realidad. Vivimos en un mundo de palabras, algunas parecen no tener dueño, como si surgieran por generación espontánea: "Me comentaron por ahí, yo no sé...". "Claro que a mí no me consta, pero andan diciendo que...". "¡Hola!, ¿ya se sabe la última? Las malas lenguas andan diciendo que...". El chisme, según Virgilio, autor de La Eneida, es un animal con plumas capaz de llegar a cualquier sitio, con muchas lenguas e innumerables oídos para escucharlo todo, y lo llamaba *fama*, y con el tiempo terminaba provocando escándalos de ahí la *mala fama*

El chisme está cerca, muy cerca de ti, y muy probablemente seas tú la última persona en enterarte. El rumor es indudablemente un arma de doble filo. A través del chisme, se logra, eficaz y rápidamente, generar una corriente de opinión que moviliza un cambio de percepción y valoración del concepto y reputación que se tiene de una o varias personas, creando una situación de desconfianzas mutuas, de conflicto y sospechas, que terminan por destruir la convivencia humana.

Irónico, pero verdadero a la vez, el chisme delata los **deseos reprimidos**. Es un efecto búmeran que deja al desnudo la máscara de quien lo tira al aire. Es una bola de fuego que regresa contra el personaje que lo crea.

Cuatro factores entran en juego en el chisme y creo conveniente hacer una reflexión desde la psico-lingüística. En primera instancia está el emisor. Diversas motivaciones movilizan su conducta, puede ser por rabia como en el caso de un xenófobo, por celos, y más impresionante aún, por un mecanismo contra fóbico, esto es por la necesidad de enfrentar los propios fantasmas o por un fenómeno proyectivo. Así el chismoso, asumiendo una actitud de *agresión* frente a otra persona o grupo, se libera de la angustia que le causa su propio conflicto interior. Una persona con rechazo a la gente de color, atribuirá todo robo a su vecino de color. Una persona con tendencias homosexuales reprimidas proyectará en otro su conflicto no resuelto e indudablemente será el mejor narrador de chistes burlescos contra los homosexuales.

En segundo lugar, está el sujeto de quien se afirma algo. Para que el rumor tenga fuerza el sociólogo norteamericano Shibutani, estableció una fórmula según la cual el **rumor**, crece con relación a la **importancia** y la **ambigüedad** de su contenido. Si lo que se afirma involucra a un personaje o una organización famosa y el contenido es ambiguo, el rumor crecerá y se difundirá rápidamente: *Un obrero cayó en una caldera de Coca-Cola, fue triturado y nos lo estamos bebiendo. Hitler aún está vivo.*

En tercer lugar está el contenido del rumor. Los temas favoritos del rumor tienen que ver con la sexualidad, la salud y lo económico. Para un psicólogo importa más el origen del rumor, que el rumor mismo. **El contenido del chisme, delata la patología y por ende la pulsión reprimida de quién lo elabora**, ya lo decía el gran maestro del psicoanálisis Sigmund Freud: los actos fallidos, los *lapsus linguae* —locución latina que significa: error lingüístico—, los sueños, los chistes y el rumor, revelan las tendencias inconscientes. El chismoso elabora una fantasía en la que el mismo se proyecta. En este sentido para el psicoanálisis lo que importa no es *qué se dice de quién,* sino *quién dice qué, quién afirma qué y por qué* Así al objetivar el deseo reprimido el sujeto se libera momentáneamente de la angustia paranoide que le intranquiliza.

Por eso, todo chismoso es temático. Parecido a ciertos narradores de chistes que se sobre actúan cuando representan cuentos de mal gusto contra la mujer, manifestando así inconscientemente su actitud machista, fóbica o misógina. Pero también contra otros grupos raciales y religiosos.

No vemos las cosas como son, sino como quisiéramos que fueran, que sucedieran. Anthony de Mello, cuenta a propósito la siguiente historia: *Una señora va a quejarse a la policía porque un grupo de jóvenes nudistas dialogan en la esquina de su cuadra. La policía los retira cinco cuadras más, y la señora vuelve a quejarse de los supuestos excesos. La policía los envía a 10 kilómetros, y la señora vuelve de nuevo a quejarse en la estación. La policía le dice, señora es imposible, no pueden verse a simple vista. La señora responde: sí, pero con mis binóculos, aún los sigo mirando.*

Ante las propias tendencias reprimidas, el chismoso opera, como hemos visto, un mecanismo de defensa a través de la proyección y simultáneamente moviliza una segunda maniobra defensiva técnicamente llamada *formación reactiva*: ante el deseo oculto no satisfecho y frustrado y se da un fenómeno de conversión por el contrario, el amor se torna en odio. Curiosamente no busca destruir al sujeto a quien se agrede, pues bastaría con desconocerlo, procura hacerle todo el daño moral posible en una verdadera actitud paranoica cargada de sadismo.

El chisme es pues el más frágil y fugaz mecanismo social contra fóbico, pero se constituye también en el arma más eficaz de pulverización del honor.

Aparece ahora un cuarto factor, que muy a menudo es poco valorado y considerado en esta mecánica del rumor. Tiene que ver con los agentes multiplicadores y transformadores del chisme: *"No se lo vayas a contar a nadie"*, este es el ritual mágico que hace del rumor un club de brujos. Exorcizar el rumor es parte del ritual y se expresa en la consabida fórmula: *"Soy tu amigo, soy tu amiga, mira andan diciendo de ti que..., pero no puedo decirte quién fue"*. ¡Vaya! ¡Qué amistad tan grande te profesan!

Para fortuna no todas las personas actúan con móviles morbosos. Algunos más, en un legítimo acto de transparencia, enfrentan todo rumor con vehemencia en un saludable ejercicio crítico, exigiendo respeto a la intimidad que asiste a toda persona: *"¡Ve, dile de frente eso que tú afirmas!"*. No, no sería capaz, porque de por medio existen móviles ocultos desconocidos por el mismo chismoso. Sabías que legalmente hablando este es un delito contra el honor de cada ser humano, pero hay algunos a quienes pareciera no importarles mucho.

Basta tener sentido y olfato crítico para interpretar los contenidos emocionales que moviliza el rumor. **Encubrir el autor del chisme, hace parte de un inconsciente colectivo que manifiesta una doble moral**: *el problema no es que te robes determinada cantidad de dinero, sino que te dejes coger. Esa es la "ética" de un corrupto, así también procede el que protege al chismoso sin delatarlo, incluyéndose como un eslabón más en la cadena patológica. Ponerse de parte del agresor es actuar en un proceso de histeria colectiva que cobija a todos los comediantes del maleficio en la misma cama.*

Sugestiva, sabia y muy pedagógica es la recomendación que Aristóteles le hizo a un discípulo que le dijo: *"Maestro, quiero contarle algo que me han contado de alguien". Él, le dijo: ¿Ya lo pasaste por los tres cedazos? ¿Cuáles? -replicó el discípulo. El primer cedazo: ¿Estás convencido que lo que me vas a decir es cierto? No maestro, no estoy seguro. Segundo cedazo. ¿Y eso que me vas a decir, te daña a ti, a mí, o a otra persona? Sí maestro, te daña a ti, a mí y a otros. El tercer cedazo: ¿Y es importante que lo digas? No maestro, no es importante. Entonces, si no es cierto, si daña a alguien y si no es importante, no me lo digas.*

Necesitamos pues descontaminar la atmósfera enrarecida de la convivencia. *Un rabino quiso darle una lección a un chismoso que quería entrar en el templo y hacerse discípulo. Se fue dialogando con él por toda la ciudad, mientras desplumaba una gallina, al final le dijo, vete y recoge todas las plumas y si las traes todas, te haré discípulo, y si superas tu problema te haré no sólo discípulo, sino maestro de la ley. Y tú, ¿ya te graduaste de maestro, o sigues recogiendo las plumas?*

Los pecados
de la cultura

- Cultura -

*El hombre no ha tejido la red de la vida,
es sólo una hebra de ella. Todo lo que
haga a la red se lo hará así mismo.*

Carta del jefe Seattle

Si está de moda, si todo mundo lo hace, si mi vecino ya lo adquirió… parecen ser los pensamientos propios de los que consumen para mostrar, para exhibir, para ser modernos y actualizados. Fui al mercado y estaba en realización y vendían 5 pares de zapatos y me pareció muy económico y los adquirí… ¡Qué vacíos que somos! ¡Qué falta de criterios! ¡Eh aquí Una nueva legión de esclavos! Sencillamente, si no lo necesito, no lo compro…

La cultura no existe, la juventud no existe y muy probablemente tampoco tú. ¿De cuál cultura se habla? ¿A favor de quién? ¿Qué intereses defiende? Y si de la juventud se trata: ¿Quiénes pueden ser jóvenes? ¿En qué condiciones económicas viven? ¿En qué lugar del campo o la ciudad moran? ¿Cuáles son sus imaginarios? ¿Y cuáles sus posibilidades reales de vida? Y de ti… Bueno, por ahora tan sólo esta pildorita: Eres en muchos casos una sombra mirándose a través de un espejo empañado. Ese espejo son tus pensamientos inadecuados… sumado a tus comportamientos inmaduros.

La cultura es un monstruo con cara de ángel, cuerpo de cíclope y cerebro de cucaracha. La cultura es un dios de papel. Un zumo de miel y vinagre, un carnaval de falsas ilusiones.

En su nombre, se han cometido los más aberrantes etnocidios y genocidios, se han subyugado colectivos humanos, se han aplastado conciencias. Se han quemado en plaza pública brujas y brujos, seres indefensos cuyo único pecado era ser auténticos consigo mismos.

La cultura es una amalgama, un híbrido de mal gusto, una colcha de retazos con viejos remiendos de ayer y algunos parches de hoy. La cultura se nos ofrece como el templo de la verdad, como un altar de sacrificios, como una prisión, como un credo intrascendente, un circo de falsas risas.

La educación y las artes, la política, la filosofía, la ética, el teatro, la literatura y hasta los juegos olímpicos, nacieron en la humanista Grecia; veinticuatro siglos después nos preguntamos: ¿para dónde vamos?, ¿dónde están los valores?, ¿dónde la democracia?, ¿dónde la ética y la moral?

Somos adoradores de la cultura, pues todos la invocamos, todos la imploramos, todos nos arrodillamos. Ella nos forma, uniforma y deforma. Podemos amar más la cultura que a un hijo. Podemos sacrificar un hermano, una hermana, un pariente, un amigo, un científico, un campesino, un indígena y hasta un pueblo o nación, no importa, valen más las perversas ideologías, que la vida de un ser humano.

No admitimos las legítimas diferencias de pensamiento, de percepción, de valoración y de ser y que por esto mismo no tenemos ningún legítimo derecho a rechazar a nadie, bajo ninguna circunstancia y menos de aniquilarlo física, moral o psicológicamente.

La cultura es blanca, europea, americana o mexicana —según la clase social a que pertenezcas —. La cultura es masculina, reserva las medidas y formas para la mujer y a eso la reduce. Crea seres visibles e invisibles, personas de bien y gente basura, La cultura es cristiana, adulta, clasista, segregacionista, excluyente, machista. Define las verdades y lo colectivo. La cultura occidental, pretende ser universal. Se presenta en el mercado como algo natural y legítimo a la vez.

Durante trescientos años el imperio español, de la mano de ingleses y portugueses, en nombre de la civilización y la cultura, aniquilaron cientos de miles de indígenas, Aztecas, Mayas, Incas, tres grandes civilizaciones en América, fueron borradas de un tajo, y con ellos sus tierras y sus paradisíacos recursos naturales. La trágica historia de la América india latina siguió su calvario después de ser arrasada por la "cruz y la espada", vino el martirio de los africanos, arrancados vilmente de sus comunidades para venderlos como esclavos, así, finalmente se anatemizó (del latín anathema: maldición) a los mestizos y criollos con la venia de la no muy Santa Inquisición; con razón los Aztecas llamaban a los conquistadores españoles *popolocas*: bárbaros, por sus acciones, vicios y ambición desmedida.

Por esto y por mucho más, la memoria histórica y de resistencia de nuestros pueblos no puede olvidar los nefastos días de la conquista, cuando la cruz y la espada asolaron la tierra, borrando para siempre la memoria cultural y la sabiduría de los pueblos indígenas. Templos y dioses, ritos y creencias fueron pulverizados y lanzadas al mar sus cenizas. Desde ese entonces, se recuerda la dignidad de un valeroso cacique cubano, cuando el conquistador pretendía imponerle por la fuerza el bautismo, su reflexión fue la siguiente: *"Yo pagaré con mi muerte, mi decisión de no bautizarme, porque si al hacerlo voy a ganar la salvación y ustedes los españoles también van a ser salvados, no quiero encontrarlos una vez más de nuevo"*.

Los doscientos años posteriores, los hemos vivido en otras manos, en otras multinacionales, y no podríamos saber ya, cuántas invasiones, masacres e intervenciones padecimos en un pasado oscuro. Allí donde había riquezas naturales se inventaban las más inverosímiles mentiras para saquear en nombre del orden y la libertad, hasta llegar a la actual barbarie, la dictadura del mercado con el sacrificio de millones de seres empobrecidos y desamparados en el altar de sacrificios del FMI. Pero también, cuántas muertes, violencia y caos han sembrado en América Latina y en el resto del planeta partidos y grupos armados de todo nombre bajo la proclama de intereses mezquinos.

Los que nos llamamos americanos no somos otra cosa que una mezcla de sangre india cruzada con sangre europea y africana nacidos en América, muy original por cierto. Somos una Torre de Babel, pero, también por eso, nuestra cultura es una copia de mal gusto de todo aquello que nos viene de afuera. ***"En América todo lo que no es europeo o gringo, es bárbaro"***. J. V Alberdi. Para orgullo nuestro, hoy se va dando progresivamente un despertar de la conciencia y una afirmación de nuestra identidad planetaria.

La cultura hay que humanizarla, dignificarla. Está llamada a erigirse en propuesta de vida para todos sin exclusión. No hay duda de que para una sociedad las actividades y valores culturales son útiles para el ser humano en tanto estén puestas al servicio de la vida para todos, del desarrollo de cada ser humano en todo su potencial. Pero una cosa es que la cultura imponga a los seres humanos actitudes y comportamientos que parecen útiles y otra es que en verdad lo sean.

Sigmund Freud, en su obra *"El malestar de la cultura"*, se pregunta: ***"¿qué es lo que los hombres esperan de la vida, que pretenden alcanzar en ella?, es difícil equivocar la respuesta: aspiran a la felicidad, quieren llegar a ser felices, no quieren dejar de serlo"***

La cultura se alimenta de creencias, no siempre ciertas, no siempre científicas, de perversos intereses de grupos de poder. El gran problema como lo enuncia Freud en su obra: *"Psicología de las masas y análisis del yo"*, es la identificación del sujeto con los enunciados de la cultura. No podemos ser a-críticos o ingenuos, a menos que nos consideremos a nosotros mismos como adoradores de un templo enmohecido y diabólico.

De una cosa estamos seguros: ***"no podemos cambiar todo lo que enfrentamos, pero mientras no lo enfrentamos, no podemos cambiar"*** *J. Baldwin.*

Esta posición crítica de cara a las ideologías que circulan en la cultura, nos exige una altísima capacidad de discernimiento. Tú no cambiarás la historia y la cultura, pero podrás influir decisivamente en ella. Todos podemos crear y alterar la cultura o simplemente ser víctimas de la misma. Nuestros pensamientos son la clave del éxito o del fracaso. Nuestras creencias sobre lo que somos o no, lo que podemos o no podemos, sobre para qué servimos o no, suelen limitar nuestras posibilidades. Recuerda que no hay papeles pequeños, sino actores mediocres.

Los genios son por lo general, maestros del re-encuadre. Atreverse a romper paradigmas y propuestas culturales indignas es también proclamar nuestra soberanía, hacer gala de nuestros principios, es ser hombres y mujeres dignos, porque somos autónomos.

Una locura
con sentido.

– Jesús para los jóvenes –
- Cristología -

Ningún huésped había visitado mi casa.
Mis puertas estaban con llave
y mis ventanas con cerrojo.
Creí que estaría solo en la noche.

Cuando abrí los ojos
encontré que había pasado la oscuridad.

Me levanté. Corrí.
Vi que las cerraduras de mis puertas
estaban rotas.
Descubrí que, a través de la puerta abierta,
tu viento y tu luz agitaban sus banderas.

Cuando estaba prisionero en mi propia casa,
cuando las puertas estaban cerradas,
mi corazón trataba de escapar
para vagar por el mundo.

Ahora, ante mi puerta abierta,
espero tu llegada.
Tú, me tienes atado en mi libertad.

Rabindranath Tagore

Hola, quiero dialogar contigo al corazón. Te invito a una extraordinaria aventura que te transportará más allá del tiempo y el espacio, pero también una experiencia profunda, concreta y encarnada en este gaseoso presente. Algo loco, y a ti te gustan las locuras. Lo no convencional, lo que está en un nivel de sentido más allá de lo cotidiano.

Te hago este preámbulo, porque hay experiencias que nos desbordan. Realidades que no podrás entender por la vía de la razón, sino por la fuerza del amor y ese es justamente tu canal encantado; aunque bien lo sabes, sin la razón es imposible comprender, entonces nos dejaremos guiar por las dos.

Pero mira, apenas voy a comenzar a hablarte y estoy atascado... Me resulta curioso, no sé cómo empezar, y eso me cautiva más. Ya sabes que los adultos habitamos un mundo bastante lejano y misterioso, que a veces ni por señas nos entendemos con las generaciones más jóvenes, claro que esto es válido al revés también. Aunque es preciso reconocer que también hay adultos y jóvenes que tienen esa magia, esa química singular de construir puentes de comunión y entendimiento entre sí.

Te soy sincero, no es que tan sólo no sepa cómo comenzar, sino que también me asalta el temor, cuando pienso que aquello sobre lo que quisiera hablarte desde lo más profundo de mi ser, se me escapa incluso a mí mismo... *Las palabras resultan torpes y frágiles y las imágenes desdibujadas y opacas.*

Porque hay realidades que son casi incomunicables. Son y punto. Se viven, o sencillamente no se pueden entender. Es como guardar en aquel cuaderno ese viejo y roído retrato o aquella servilleta de amor que le obsequiaste a un ser amado hace unos años, y cuando la tienes contigo actualizas de inmediato la presencia viva de esa persona en ti. Y sigue siendo un lenguaje comprensible únicamente para ambos. Basta la alegría de saber que cosas tan simples nos comuniquen con un universo mágico y misterioso a la vez.

Nos encanta el misterio. La vida, el amor, la amistad, perderían su encanto si no se movieran en tras esta fascinante nube y aureola de luz. Y tú sabes que eres poseído por el misterio, por esa poderosa fuerza que dilata el corazón y altera todo tu ser. Es una cuerda locura: Es sentir cómo, mientras todos corren, yo justamente camino tranquilo y sin prisa en medio de la lluvia, mirando los rostros que nadie ve. Todo esto me recuerda, aquella ingenua grillita que decía a su enamorado:

> – ¡Te amo!"

Y el grillito le respondió:

> – "¿Cuánto mide tu amor? ¿Cuánto pesa? ¿De qué color es? ¿Por qué no lo veo? ¡Mejor háblame de otra cosa!".

Y la grillita le dijo:

> – "Te resultará imposible saber cuánto y cómo, porque hay cosas que siendo hechos reales y que suceden de verdad, no pueden verse con los ojos de la cara, no pueden oírse con las orejas de la cabeza, no pueden medirse, ni pesarse, con las manos de los brazos, pero se sienten, se experimentan y quienes las hemos visto y vivido sabemos que son reales".

Y así, es la experiencia íntima y personal con Jesús. Una vivencia que moviliza todo tu ser y que sólo puedes vivirla a tu forma y manera. Jesús de Nazaret, es un hombre excepcional, extraordinario, humano, demasiado humano, amigo, el mejor de todos, No conozco nada igual. Loco, chiflado, impredecible, instigante, desafiante, controvertido, casi incomprensible. Y sin embargo, joven como tú, vistiendo como tú, va a fiestas, se enamora de todos y se divierte como tú y cuando ríe me da pena y alegría a la vez, pues todos los vidrios del contorno saltan hechos estrellas de luz.

Cristo Jesús será siempre un hombre singular y modelo para todos los jóvenes. Siempre actual, siempre vigente. Es paradójico, no sé qué cosa rara tiene, o es su manera de ser, de pensar, pero me cautiva, me cuestiona y a la vez me estrella como si yo fuese una pelota de goma contra mi propio mundo pequeño y cerrado, hasta desbaratar todos mis planes y pensamientos.

"Creo que no existe nada más bello, más profundo, más simpático, más viril y más perfecto que Cristo. Yo me digo esto a mí mismo, con un amor envidioso, que no existe nada como Él, ni puede existir". Fedor M. Dostoievski.

No puedes entender a Jesús, si no te dejas tocar y alterar por su vida y por su palabra. El conocimiento de Jesús es una experiencia vital, única, personal, irrepetible; pero a la vez, te transporta a una realidad impresionante, porque está más allá de tus fuerzas y posibilidades. Ahora bien, estoy suponiendo que te gustan las personas fuera de lo común, igualmente, las propuestas originales. Y eso y algo más, es meterse en la onda de Jesús. Aún más, sé que tienes demasiadas invitaciones y que tú estás preocupado en otras cosas, pero en este caso se trata de un ser extraordinario que alterará tu vida para siempre. Jesús no escoge a unos y desecha a los otros. La invitación es para todos: **Todos somos llamados, todos somos escogidos, Son muy pocos los decididos.** Así pues, ¡decídete por Jesús, opta por Jesús, sigue a Jesús!

Quizás te consideras un buen cristiano o a lo mejor, ese "rollo", te resulta demasiado aburrido. Te bautizaron hace unos años, aún es posible que algunos domingos de buen o mal humor, asistas al templo. Pero... como puedes ver, sigues muchos ritos y esquemas, y Jesús es el gran desconocido, el gran ausente. No, nadie puede conocer el mar y hablar de él, hasta no bañarse en sus aguas, y suspenderse y revolcarse en su interior. **Necesitas renacer, bautizarte de nuevo, comenzar de nuevo.** Es como en el amor, o el matrimonio, o en cualquier cosa que hagas, necesitas enamorarte de nuevo todos los días.

El problema fundamental, no consiste en entender o no a Jesús. Sino en decidirte a romper radicalmente todo ese círculo vicioso en el que vives ahora. ¡Atreverte!, eso es todo, esa chispa de gracia puede ser tu salvación. Y en el fondo ese es mi propósito, invitarte a que construyas tu propia aventura. **Nacer de nuevo, es optar por la vida en el Espíritu, a la manera de Jesús de Nazaret. Es decidirse y jugarse toda la vida, seguir el rumbo que Jesús mismo le dio a la suya;** pero esto no es fácil, supone antes que todo romper todas las categorías y esquemas mentales, incluso piadosos, en que fuimos formados. No te asustes, hay que derrumbar todo el templo para hacer uno nuevo, sin puertas, sin muros, sin normas aburridas, ni ritos de mal gusto.

No, no te invito a creer en el Señor Jesús. Generalmente uno cree en muchas cosas que no le transforman interiormente, que no cambian la vida. **Optar por Jesús, es seguirle sin guardarse nada para sí.** Implica la existencia toda. Es tanto como lanzarse al vacío desde un abismo infinito, sin saber que tan hondo resulte todo aquello. Optar por Jesús es atreverse a caminar como los cangrejos: en contravía de la existencia, es decidirse por el todo, por la felicidad, por el sentido. Es también asumir el absurdo, y eso no lo digo yo, estoy haciéndote eco del más grande apóstol que nunca conoció a Jesús: Pablo, su mayor exponente:

"Diciendo él —Pablo— estas cosas en su defensa, Festo (magistrado romano) a gran voz dijo: Estás loco, Pablo; las muchas letras te vuelven loco. Mas él dijo: No estoy loco, excelentísimo Festo, sino que hablo palabras de verdad y de cordura. Pues el rey sabe estas cosas, delante de quien también hablo con toda confianza. Porque no pienso que ignora nada de esto; pues no se ha hecho esto en algún rincón. ¿Crees, oh rey Agripa, a los profetas? Yo sé que tú crees. Entonces Agripa dijo a Pablo: Por poco me persuades a ser cristiano. Y Pablo dijo: ¡Quisiera Dios por poco o por mucho, no solamente tú, sino también todos los que hoy me oyen, fuesen hechos tales cuales yo soy, excepto estas cadenas! (Hch 26, 24-32). Y ése es para Pablo, Jesús, la locura más cuerda que podemos vivir. Y por esto mismo puede también decir: *"porque para los que se pierden, el mensaje de la cruz es locura; pero para nosotros… es poder de Dios" (1Cor 1, 18)*

Te estoy proponiendo algo absolutamente fuera de lo normal, incomprensible para nuestros cómodos y absurdos esquemas: **¡Decídete por Jesús! ¡Opta por Jesús! Optar es convertirse.** Convertirse para seguir a Jesús es una paradoja: no es fácil, no es difícil, es en una palabra imposible. Necesitas abrir tu corazón a la acción del Espíritu Santo, Déjate conducir por Él.

Esta transformación interior, implica vaciar el pozo interior, para que empiece a ser ocupado por Jesús… pero eso, tampoco lo puedes hacer tú solo, ya que únicamente Él puede hacerlo. Como ves, esta realidad rompe nuestra capa de orgullo y autosuficiencia. Pero también nos libera del profundo vacío, de nuestra debilidad, soledad y egoísmo.

Ni siquiera se trata de convertirte en un buen cristiano, **"De buenas intenciones está empedrado el infierno"**, decía Santa Teresa de Jesús. El mundo reclama hombres y mujeres radicales, capaces de rescatar la vida de las garras de la muerte, de los oscuros intereses que mueven este mundo y de hacer milagros en su nombre.

Estás comenzando a formar tu personalidad entre la certeza y la incertidumbre, entre el temor y el arrojo, todos necesitamos modelos externos, referentes que nos ayuden a construir nuestra personalidad. Puedes imitar a Jesús, pero de poco te serviría. Es inútil, pero mejor, es un auténtico contrasentido. Cristo ya vivió su vida en un espacio y tiempo concretos, en el marco de una cultura determinada, respondiendo a circunstancias precisas y desde allí se encarnó, evangelizó y profetizó. Él te pide que tú seas tú, legítimamente tú, digna y orgullosamente tú. Cambiando en ti todo aquello que resulta inadecuado, inoportuno, desajustado y eso, sólo tú lo sabes. Entonces se trata de hacerte uno con Cristo hasta que puedas decir con temor y temblor: **"...no soy yo quien vive, es Cristo quien vive en mí"**. (Gal 2, 20).

Aún estás muy joven, desplegando apenas tus alas y comienzan a asaltarte preguntas profundas. ¿Qué hacemos aquí? ¿De dónde venimos? ¿Por qué las cosas no andan como debieran? ¿Existe Dios? ¿Qué lugar tiene Dios en todo esto? ¿Dios es justo? *¿Por qué Dios permite el sufrimiento y la injusticia?*

La verdad nos preocupa mucho tener respuestas, explicaciones adecuadas; pero a veces creo que incluso no nos preocupa demasiado, son preguntas muchas veces bastante intelectuales, que no alteran nuestras vidas.

Jesús tenía una grande y honda preocupación por la realidad concreta de cada hombre y mujer que encontraba a su paso. Incluso anunciaba el reino de Dios como realidad de salvación. Y ese reino es la posibilidad de llenar de sentido el vacío profundo, *El reino de Dios, es Dios mismo presente en nuestras vidas.*

No sé que idea, qué imagen tengas de Dios; algunos a tu edad dicen: *Dios es la energía, la luz que le da consistencia al universo.* —tal vez, están incursionando en astrofísica y ya van elaborando curiosas y empobrecidas razones-. Otros, lo experimentan como *un amigo*, pero todos estamos llenos de amigos con los que no nos comunicamos. Para otros es *un ser desconocido*, y algunos más lo sienten *como alguien bastante abstraído de este mundo.* Y para ti... ¿Quién es Jesús? No lo describas... te estoy preguntando ¿Qué experiencia vital tienes de Él?

La imagen que Jesús nos da de Dios y de su Reino, no podría ser menos singular: es como un grano de mostaza, la más pequeña de todas las semillas. Así es como irrumpe la presencia de Dios en medio de nosotros como fermento eficaz e invisible que levanta el pan de la vida.

Pero aquí es donde todo cobra sentido. *El camino de Cristo lleva a la vida, un camino contrario lleva a la perdición.* (Mt 7,13; Dt 30, 15-20). Cada uno de nosotros está llamado a ser una transparencia de lo divino. Desconocer esto, quitarle la dignidad y la vida al hermano, es la razón del pecado. Pecado es buscarse así mismo sin tener en cuenta al otro. Es la codicia, ese insaciable deseo de poseer y acumular todo, con el único fin de erigirse por encima de los demás y a costa de los demás. Pecado es convertirse en un monstruo de mil manos, para agarrar más para sí, no importa cómo, y menos a costa de quien. Pecado es actuar en contra del derecho, provocando la injusticia, pero también es el abuso, el maltrato, la determinación deliberada de hacer daño al prójimo.

La experiencia de Jesús, supone un trato personal y permanente. Una amistad fundada en la confianza infinita de que nadie más te acompañará, te será fiel y cuidará de ti, como Jesús. Y esa amistad se comunica a través de la oración, la cual es una experiencia de profundo abandono en Dios, de confianza total, sin guardarse nada para si. Es un diálogo permanente, insistente. Y en eso estoy totalmente de acuerdo contigo, es difícil orar, y no sabemos hacerlo. *Orar, es amar y el más profundo amor necesita del silencio; es apertura, poder confiar en alguien para compartirle nuestros más íntimos sentimientos, ilusiones y problemas. Únicamente en el silencio del corazón acontece Dios.* Orar, es la posibilidad de acabar con el teatro de las máscaras y permitir que

Él nos rompa por dentro, nos triture y nos amase hasta hacernos pan para los demás y naturalmente, eso cuesta, y duele.

Hasta el presente hemos comprendido muy pocas cosas. El cristianismo no es una religión, es mucho más, es una experiencia total, absoluta, transformadora y si no nos revuelca interiormente, entonces todo será una vana ilusión. El seguimiento de Jesús se expresa a través de la comunión y la participación.

Comulgar es echarse encima el problema del otro, padeciendo con él, compartiendo cercanía, recursos, bondad. Es integrarnos en la gran cena de la fraternidad, decirle sí a la comunidad. No comulgar significa literalmente no participar, excluirme, encerrarme en mí mismo, aislarme del mundo de la vida y de los otros.

Que todo esto resulta absurdo, no es palabra. ***Seguir a Jesús, es seguir a un hombre que se quedó solo en la cruz. Es creer en un fracasado, en un hombre pobre que predicó desde los pobres.*** En ese hombre se escurrió hasta la última gota por nosotros. Y como paga, fue incomprendido por su grupo de apóstoles, rechazado por sus propios familiares, excluido y condenado por la sinagoga, aplastado por el poder romano, el más extenso imperio que haya conocido la humanidad, igual de cruel a todos los que le han sucedido.

En cada hombre, en cada mujer, en cada niño, en cada joven, late la vida como una posibilidad de realizar los más hondos anhelos. Cristo ya vivió su propia pasión, ahora, tienes la oportunidad de darle a tu existencia el más profundo sentido; de vivirla con desbordante pasión, con entrega total a su causa.

Quédate en silencio por unos instantes, y entonces escucharás ahí afuera de tu piel los gritos y las súplicas de tantas vidas huérfanas, tantos seres heridos, abandonados, tantas vidas rotas y huecas, tantas otras perdidas en el vicio, o carentes de entusiasmo y compromiso.

Ahí desde afuera, sigue llamando Jesús. El otro de Jesús, no era cualquier otro: son todos los empobrecidos y despojados. Una fe sin compromiso, es un océano sin agua. Un sol sin luz. Una vida sin pasión.

Una fe de sólo danza y alabanza es el mismísimo pan y circo romano, para entretener la conciencia.

Se dice que en Cartagena, histórica ciudad a orillas del mar, a pleno sol día, un niño subió a un bus urbano a vender botellas con agua fría. Un pasajero le preguntó cuánto valía la botella. El niño le dijo: "Son 2.000 pesos señor". El hombre insistió para que se la dejase en 1.000 pesos, y el niño le explicó que eso no era ningún negocio para él. Entre tanto otros pasajeros llamaron al niño para comprarle aquella apetecible agua y el hombre se puso furioso: "¿Cómo así? ¡Atiéndame primero a mí! ¿Acaso no fui yo el primero que lo llamé? Y el niño lo abandona, y burlonamente le responde: "el problema es que usted no tiene sed."

Y eso es lo único que necesitas para empezar. ***"Al final de la vida me preguntarán: ¿Has vivido?, ¿has amado?, y yo abriré mi corazón lleno de nombres".*** Pedro Casaldáliga.

Finalmente, estoy de acuerdo contigo: El misterio de Dios no cabe en nuestra mente, pero sí reboza y ensancha nuestro corazón.